D1666780

Audre Lorde
AUF LEBEN UND TOD
KREBSTAGEBUCH

Aus dem Englischen von Renate Stendhal
Mit einem Beitrag von Waltraut Ruf

sub rosa Frauenverlag

1. Auflage 1984
Alle Rechte vorbehalten
sub rosa Frauenverlag, Berlin
Originaltitel: *The Cancer Journals*
Spinsters, Ink., Argyle, New York, 1980
Aus dem Englischen von Renate Stendhal
ISBN 3-922166-16-4

Druck: Pressedruck Augsburg
Titelfoto: Maj Skadegaard, Kopenhagen
Fotos: Moon (1979), Dagmar Schultz (1984)
Fotosatz: limone, Berlin

Ich möchte all den Frauen meinen Dank aussprechen, die mir in dieser Zeit Kraft gegeben haben. Besonders Dank an Maureen Brady, Frances Clayton, Michelle Cliff, Blanche Cook, Clare Coss, Judith McDaniel und Adrienne Rich. Ihre liebevolle Unterstützung und Kritik haben mit zur Vollendung dieses Buchs beigetragen.

Ein Buch wie das vorliegende von Audre Lorde, das sich offensiv mit Brustkrebs auseinandersetzt, existierte bisher noch nicht in deutscher Sprache. Es gibt viele Bücher zum Thema Krebs, wohl auch kritische, aber keines, das den gewohnten Umgang mit brustamputierten Frauen in Frage stellt. Jede zehnte Frau ist von einer Brustamputation betroffen.* Dieser deutlich sichtbare Eingriff, auch in das äußere Erscheinungsbild einer Frau soll der Umwelt möglichst durch Wattebäusche, Silikonbrustprothesen etc. »erspart« bleiben. Audre Lorde zeigt als brustamputierte Frau, daß nicht mit Rückzug, Einsamkeit, Versteckspielen und dem Verlust des Selbstbewußtseins auf eine Brustkrebsoperation reagiert werden muß. Die Autorin entlarvt die Methoden einer »Krebsmafia«, die in den USA das Leid besonders von brustamputierten Frauen vermarktet. Diese Situation ist auf die Bundesrepublik absolut übertragbar. Audre Lorde stellt in ihrem Buch eine Form, *ihre* Form der Verarbeitung ihrer Brustamputation dar: Sie konfrontiert die Umwelt mit ihrer Krebserkrankung, indem sie keine Prothese trägt; sie ermutigt Frauen, nicht länger zu schweigen, fordert den Austausch von Erfahrungen und zeigt Wege auf, mit dem Erlebten anders als mit Schweigen, Klagen oder gar Verleugnungen fertigzuwerden.

Wir erweitern die Originalausgabe um einen umfassenden Beitrag der Berlinerin Waltraut Ruf, die als Betroffene auf die Situation krebskranker Frauen in der BRD eingeht. Sie beschreibt, wie sie vor 13 Jahren mit ihrer Brustoperation fertig wurde, für welche Therapien sie sich entschieden und welche Erfahrungen sie mit selbstinitiierten Krebsgruppen gemacht hat. Sie verwehrt sich in dem Text »Warnung vor

---

*Diese Zahl gilt für die USA. Laut Angaben des Deutschen Krebsforschungszentrums Heidelberg erkrankt in der BRD jede 12. - 15. Frau an Brustkrebs.

Silikonbrüsten« vehement gegen die gefährliche Praxis von Silikonbrustprothesen. Am Ende des Buches gibt Waltraut Ruf Informationen über Selbsthilfegruppen in der BRD, Adressen von Spezialkliniken und Literaturhinweise.

Wir möchten mit *AUF LEBEN UND TOD* alle Betroffenen in ihrem Kampf gegen den Krebs bestärken und darüber hinaus allen Frauen bewußt machen: Eine Brustkrebsoperation ist nicht gleichbedeutend mit dem Verlust der Lebensfreude oder dem Verzicht auf Liebesbeziehungen. Der Kampf gegen krebsverursachende Lebensbedingungen vereint sowohl die Betroffenen als auch die Nichtbetroffenen. Dazu Audre Lorde: ». . .denn wir brauchen einen Aufschrei aller Frauen gegen alle früherkennbaren und vermeidbaren Formen von Krebs und gegen die geheimen Ängste, an denen sich Krebs nährt. Ich wünsche mir, daß diese Worte anderen Frauen als Ermutigung dienen, um aus der Erfahrung mit Krebs und anderen Todesdrohungen heraus zu sprechen und zu handeln, denn unser Schweigen hatte für uns selbst noch nie den mindesten Wert.«

Betroffene Frauen, die ihre Erfahrungen austauschen möchten, können sich an den sub rosa Frauenverlag wenden. Wir werden jeden Brief beantworten.

sub rosa Frauenverlag
Berlin, im August 1984

EINLEITUNG

1

Die Reaktion auf die Krise, die Brustkrebs im Leben einer Frau auslöst, folgt einem komplexen Muster, dessen Form und Farbe sich daraus bestimmt, wer diese Frau ist und wie sie ihr Leben gelebt hat. Das Gewebe ihres Alltags bildet das Übungsfeld für ihre Art, mit Krisen umzugehen. Einige Frauen verbergen ihren Schmerz über eine Brustamputation unter einer Decke von »Alles geht so weiter wie bisher«. Damit unterdrücken sie für immer diese schmerzlichen Gefühle, die sich jedoch auf andere Weise Luft verschaffen. Die tapfere Bemühung, nicht als bloße Opfer zu erscheinen, wirkt sich bei einigen Frauen in der Weise aus, daß sie darauf bestehen, solche Gefühle existierten gar nicht und eigentlich sei doch nichts Besonderes geschehen. Einige Frauen untersuchen diese Krise wie Kriegerinnen auf eine weitere, zwar unerwünschte, aber nützliche Waffe in ihrem Lebenskampf.

Ich bin selbst eine brustamputierte Frau, die glaubt, daß wir unseren Gefühlen Ausdruck geben müssen, damit sie gesehen und respektiert werden und damit sie nützen.

Ich möchte meinen Zorn und meinen Schmerz und meine Angst vor Krebs nicht in noch einem Schweigen versteinern lassen. Ich möchte mich auch nicht der Kraft berauben, die im Kern dieser Erfahrung stecken kann, sofern ich sie offen annehme und prüfe. Für andere Frauen – Frauen jeden Alters, jeder Hautfarbe und sexuellen Identität, denen bewußt ist, daß das uns auferlegte Schweigen in allen Bereichen unseres Lebens ein Werkzeug der Spaltung und Ohnmacht ist

– und für mich selbst habe ich versucht, einigen Gefühlen und Gedanken Ausdruck zu geben: zum Beispiel zu der Verkleidungsfarce der Brustprothese, zum Schmerz der Amputation, zur Funktion der Krankheit Krebs in einer Profitökonomie, zu meiner Konfrontation mit dem Sterbenmüssen, zu der Kraft der Liebe zu Frauen und zu Macht und Lohn eines selbst-bewußten Lebens.

Brustkrebs und Brustamputation sind keine Seltenheit, sondern eine Erfahrung, die Tausende von Frauen teilen. Jede dieser Frauen verfügt über ihre eigene, unverwechselbare Stimme, die sie erheben muß, denn wir brauchen einen Aufschrei aller Frauen gegen alle früherkennbaren und vermeidbaren Formen von Krebs und gegen die geheimen Ängste, an denen sich Krebs nährt. Ich wünsche mir, daß diese Worte anderen Frauen als Ermutigung dienen, um aus der Erfahrung mit Krebs und anderen Todesdrohungen heraus zu sprechen und zu handeln, denn unser Schweigen hatte für uns selbst noch nie den mindesten Wert. Und vor allem wünsche ich mir, daß diese Worte allen Frauen ersichtlich machen, daß es möglich ist, uns selbst zu heilen, und daß unser Leben unschätzbar ist.

Das Gefühl der Isoliertheit und Notwendigkeit einer Neuorientierung ist für alle an Brustkrebs erkrankten Frauen eine gemeinsame Erfahrung, gleichgültig, ob wir diese Gemeinsamkeit anerkennen oder nicht. Ich habe nicht die Absicht, über die Frau zu urteilen, die sich für den Weg der Prothese, des Schweigens und Unsichtbarmachens entschieden hat – die Frau, die sein möchte »wie früher«. Diese Frau hat mit Hilfe einer anderen Art von Mut überlebt, und sie steht damit nicht allein. Jede von uns kämpft Tag für Tag mit den Zwängen zur Konformität und mit der Einsamkeit des Andersseins, vor der die Entscheidung zur Konformität eine Ausflucht zu bieten scheint. Ich weiß nur soviel, daß dieser Weg für mich nichts taugt, ebensowenig wie für andere Frauen, die wie ich den Krebs bisher – nicht ohne Angst – überlebt haben, indem sie nach seinem Sinn in ihrem Leben forschen und versuchen, die Krise als Kraftpotential ihrer Veränderung anzunehmen und zu nutzen.

2

Die nachfolgende Auswahl von Tagebucheintragungen, die sechs Monate nach meiner halbseitigen Brustamputation beginnen und über die Essays in diesem Buch zeitlich hinausgehen, veranschaulichen den Prozeß des Annehmens und Einbeziehens dieser Krise in mein Leben.

26. 1. 79

Ich verspüre dieser Tage keine große Hoffnung, weder für mein Selbstgefühl noch überhaupt. Ich erledige die äußeren Notwendigkeiten eines jeden Tages und bin dabei schmerzerfüllt wie eine Eiterblase, so daß jede Berührung die straffe Membran zu zerreißen droht, die den Eiter daran hindert, auszubrechen und meine ganze Existenz zu vergiften. Manchmal fegt Verzweiflung durch mein Bewußtsein wie Eiswind über eine kahle Mondlandschaft. Eisenbeschlagene Rosse rasen jeden Nerv auf und ab. Oh Seboulisa ma hilf, daß ich mich erinnere, für welche Lehre ich so teuer bezahlen muß! Ich könnte an meinem Anderssein sterben oder aber leben – Myriaden meiner selbst.

5. 2. 79

Das Furchtbare ist, daß ich dieser Tage nichts, aber auch gar nichts durch mich hindurchlassen kann. Jedes Entsetzen sitzt als Schraubstock in meinem Fleisch, als zusätzlicher Magnet für das Feuer. Buster steht nun auch auf der Liste nutzlos vergeudeter Tode junger Schwarzer. Heute in der Ausstellung lauter häßliche Frauen, die ihre verrenkten Kör-

per jeglicher Phantasie feilbieten, die im Namen männlicher Kunst daherkommt. Monströse Ausgeburten des Vergnügens. Der hübsche, lachende Buster, für 90 Cents in einem Hausflur niedergeschossen! Muß ich die Sprache, in der mein Fluch geschrieben steht, verlernen?

1. 3. 79

Es ist so mühsam hier, unverseuchte Lebensmittel aufzutreiben – nicht einfach aufzugeben und das alte Gift zu fressen. Aber ich muß mich um meinen Körper mindestens so gut kümmern wie um meinen Kompost, besonders jetzt, wo es so weit hergeholt erscheint. Kommt dieser Schmerz, die Verzweiflung, die mich erfüllt, vom Krebs oder hat der Krebs sie nur in mir freigesetzt? Ich fühle mich so wenig all dem gewachsen, womit ich früher fertig geworden bin – die Abscheulichkeiten draußen, die das Echo der inneren Schmerzen sind. Und ja, mein einziger Bezugspunkt bin jetzt ich selbst. In mir finde ich die einzige Übersetzung, der ich trauen kann, und ich bin sicher, erst wenn jede Frau das Gewebe ihres Lebens Faser um Faser verdammt selbstbezogen zurückverfolgt, erst dann werden wir allmählich das ganze Muster verändern.

16. 4. 79

Die Ungeheuerlichkeit unserer Aufgabe: die Umwandlung der Welt. Es fühlt sich an, als würde ich mein Leben umkehren, das Innerste nach außen wenden. Wenn ich es schaffe, meinem Leben und meinem Tod geradewegs und ohne mit der Wimper zu zucken ins Auge zu sehen, dann weiß ich, gibt es nichts mehr, was man mir noch antun könnte. Ich muß mit dem Wenigen, das ich bewirken kann, zufrieden sein und es wenigstens aus vollem Herzen tun, aber ich werde mich nie damit abfinden können. Genauso wie ich mich nicht damit abfinden kann, daß mir diese Umkehr in meinem Leben so schwerfällt – mich anders zu ernähren, an-

ders zu schlafen, mich anders zu bewegen, anders zu sein. Wie Martha sagte: ich will mein altes Ich, ich will schlecht sein wie früher.

22. 4. 79

Ich muß diesen Schmerz durch mich hindurchziehen lassen – und weitergehen. Wenn ich mich wehre oder ihn anzuhalten versuche, wird er in mir explodieren, mich zerreißen und meine Fetzen gegen jede Wand und jeden Menschen schleudern, mit dem ich in Berührung komme.

1. 5. 79

Der Frühling kommt, und ich spüre die Verzweiflung immer noch wie eine bleiche Wolke, die darauf wartet, mich einzusaugen und aufzuzehren wie ein neuer Krebs, der mich in Lähmung versetzt und in Zellen seiner selbst verwandelt. Mein Körper – ein Barometer. Ich muß mich immer wieder daran erinnern, was für mein Leben und meine Gesundheit so wesentlich ist: Freude, Leichtigkeit, Lachen. Sonst wird das andere immer darauf lauern, mich als Verzweiflung zu verzehren. Und das bedeutet meine Zerstörung. Ich weiß nicht wie, aber das bedeutet es.

September 79

Es gibt keinen Raum um mich, wo ich still sein, hinhören und herausfinden könnte, welcher Schmerz wirklich mein eigener ist – kein Mittel der Unterscheidung zwischen meinen inneren Kämpfen und meiner Wut über die Verkommenheit der Welt draußen und die stupide, brutale Unbewußtheit oder Teilnahmslosigkeit, die als normaler Lauf der Dinge gilt. Die arrogante Blindheit wohlsituierter weißer Frauen! Wozu die ganze Arbeit? Welchen Unterschied macht es, ob ich je wieder das Wort ergreife oder nicht? Ich gebe mir Mühe . . .
Das Blut schwarzer Frauen spritzt von einer Küste zur an-

dern, und Daly* meint, die Rassenfrage sei für Frauen nicht von Belang! Demnach sind wir entweder unsterblich oder aber von Geburt an zum Sterben bestimmt, und kein Mensch braucht davon Notiz zu nehmen – Un-Frauen.

3. 10.79

Ich will nicht stark sein, aber habe ich denn die Wahl? Es tut weh, wenn mich selbst meine Schwestern mit kalten, leeren Augen auf der Straße ansehen. In jeder Gruppe, zu der ich gehöre, werde ich als anders abgestempelt. Die Außenseiterin – Stärke und Schwäche zugleich. Aber ohne Gemeinschaft gibt es mit Sicherheit keine Befreiung, keine Zukunft – nur den äußerst verletzlichen, ungewissen Waffenstillstand zwischen mir und meiner Unterdrückung.

19. 11. 79

Ich will mir die Wut vom Leibe schreiben und alles, was dabei herauskommt, ist Trauer. Wir haben lang genug getrauert, um diese Erde zum Weinen zu bringen oder aber fruchtbar zu machen. Ich bin ein Anachronismus oder eine Fehlplanung der Natur, wie die Biene, die eigentlich gar nicht zum Fliegen geschaffen ist. Sagt die Wissenschaft. Und ich bin eigentlich nicht zum Existieren geschaffen. Ich trage in meinem Körper den Tod mit mir herum wie ein Urteil. Und doch lebe ich, so wie die Biene fliegt. Es muß irgendwie möglich sein, den Tod ins Leben einzubeziehen und weder so zu tun, als existiere er nicht, noch sich ihm hinzugeben.

1. 1. 80

»Glaube« ist der letzte Tag des Kwanza-Fests, und genauso heißt der Krieg gegen die Verzweiflung, die Schlacht, die ich Tag um Tag schlage. Ich mache Fortschritte dabei. Ich will über diese Schlacht schreiben, über die Scharmützel, die

*Mary Daly

14

Verluste, über die kleinen und doch so wichtigen Siege, die die Süße meines Lebens sind.

20. 1. 80

Der Roman* ist endlich fertig. Er war ein Rettungsanker. Ich brauche keinen Sieg, um zu wissen, daß meine Träume sinnvoll sind – ich brauche nur an einen Prozeß zu glauben, dessen Teil ich bin. Meine Arbeit hat mich letztes Jahr am Leben gehalten, meine Arbeit und die Liebe von Frauen. Beides ist untrennbar. Die Antwort auf die Verzweiflung liegt in der Erkenntnis, daß es Liebe tatsächlich gibt. Arbeit bedeutet, dieser Erkenntnis Stimme und Namen zu geben.

18. 2. 80

Mit dem heutigen Tag bin ich 46 Jahre am Leben und sehr froh, am Leben zu sein, sehr froh und sehr glücklich. Angst, Schmerz und Verzweiflung verschwinden nicht, sie werden nur langsam immer weniger wichtig. Manchmal sehne ich mich trotzdem nach einem einfachen, geordneten Leben – mit einem Heißhunger wie dem plötzlichen Vegetarier-Hunger auf Fleisch.

6. 4. 80

Wäre Bitternis ein Wetzstein, wäre ich an manchen Tagen messerscharf wie Schmerz.

30. 5. 80

Der letzte Frühling war noch ein Stück vom Herbst und Winter zuvor, ein Fortschritt aus all dem Schmerz und der Traurigkeit jener Zeit, die mir immer wieder hochkamen. Aber dieser Sommer, der mich fast erreicht hat, fühlt sich eigenartig wie ein Stück meiner Zukunft an. Wie eine völlig neue Zeit, und ich bin froh, das zu wissen – wo immer es

*Zami A New Spelling of My Name, Crossing Press, Trumansburg, N.Y.

hinführt. Ich fühle mich wie eine andere Frau, entpuppt; mein Ich weitet sich, dehnt sich aus, stark und aufgeregt — ein gespannter Muskel, scharf auf Aktion.

20. 6. 80

Ich kann den Krebs nie lange vergessen. Es hält mich gewappnet und sprungbereit, aber da ist immer auch ein leichtes Hintergrundgeräusch von Angst. Carl Simontons Buch »Getting Well Again« war eine echte Hilfe für mich, auch wenn ich mich manchmal über seine Selbstzufriedenheit geärgert habe. Die Visualisierungs- und intensiven Entspannungstechniken, die ich daraus gelernt habe, machen mich weniger ängstlich besorgt, was seltsam scheint, weil ich andererseits in ständiger Furcht vor dem Wiederauftreten von Krebs lebe. Aber Furcht ist etwas völlig anderes als Besorgtheit. Furcht ist eine angemessene Reaktion auf eine reale Situation, und ich kann sie akzeptieren und lernen, mich durch sie hindurchzuarbeiten, so wie ich mich durch meine Halbblindheit hindurcharbeite. Aber ängstliche Besorgtheit bedeutet, sich von Dingen lähmen zu lassen, die eine/n in der Nacht überkommen; es bedeutet, sich etwas Namenlosem, Formlosem, Stimmlosem und dem Schweigen zu ergeben.

10. 7. 80

Ich träumte, ich hätte bei einer Lehrerin, die sehr verschwommen blieb, »Lebensveränderung« trainiert. Ich nahm keine Kurse, aber lernte trotzdem, mein gesamtes Leben zu verändern, es anders zu erleben und alles auf eine neue, andere Art zu tun. Ich verstand es nicht wirklich, aber ich hatte Vertrauen in diese verschwommene Lehrerin. Eine andere junge Frau erzählte mir, sie nehme einen Kurs in »Sprachentwitterung« — im Gegensatz zur Verwitterung, dem Bersten und Abgetragenwerden von Stein. Es schien mir äußerst spannend, die Formationen, Risse und die Zu-

sammensetzung von Wörtern zu untersuchen, und so sagte ich meiner Lehrerin, ich wollte gern diesen Kurs nehmen. Sie sagte, nun gut, aber es würde mir nichts nützen, weil ich etwas anderes zu lernen hätte. Der Kurs würde mir nichts Neues bringen. Ich antwortete, schon möglich, aber ich wüßte zum Beispiel auch alles über Steine und würde trotzdem gern ihre Zusammensetzung studieren und ihre verschiedenen Bestandteile benennen. Es ist eine überaus spannende Vorstellung, daß ich in diesem Traum jede Person selbst bin.

3

Ich habe in den 18 Monaten seit meiner Brustamputation eine Menge gelernt. Meine Visionen von einer Zukunft, die ich selbst hervorbringen und gestalten kann, haben sich an den Lektionen meiner Begrenztheit abgeschliffen. Schmerz, Glaube, harte Arbeit und Liebe – all das, was sich aus dieser Zeit meines Lebens für mich in Kraft verwandelt hat, möchte ich nun ehrlich und genau in eine Form bringen.

Manchmal beschleicht mich Angst wie eine weitere bösartige Macht und raubt mir Energie, Kraft und Konzentration für meine Arbeit. Jede Erkältung kündigt Unheil an, jeder Husten Lungenkrebs, jeder blaue Fleck Leukämie. Diese Ängste sind am stärksten, wenn sie unausgesprochen bleiben, und gleich auf ihren Fersen folgt die Wut, daß ich sie nicht abschütteln kann. Ich bin dabei zu lernen, über meine Angst hinauszugelangen, indem ich durch sie hindurchgehe, und in diesem Prozeß lerne ich gleichzeitig, meine Wut über meine Begrenztheit in eine kreativere Energie zu verwandeln. Wenn ich mit meinem Handeln, Schreiben, Sprechen, Sein solange warten will, bis ich keine Angst mehr habe – das ist mir inzwischen klar –, könnte ich genausogut Gläser rücken und dunkle Klagen mit dem Jenseits tauschen. Wenn ich es wage, stark zu sein und meine Kräfte für meine Vision zu nutzen, dann wird es weniger wichtig, ob ich Angst habe oder nicht.

Wir werden als Frauen zur Angst erzogen. Wenn ich meine Angst auch nicht völlig bannen kann, so kann ich doch wenigstens lernen, mich ihr weniger auszusetzen. Denn sie ist dann nicht mehr der Tyrann, an dem ich mich abkämpfe und meine Kraft vergeude, sondern wird eine Gefährtin – keine besonders begehrenswerte, aber doch eine, deren Wissen nützlich sein kann.

Ich schreibe hier soviel über Angst, weil bei der Arbeit an dieser Einleitung zu meinem *Krebstagebuch* Angst wie eine Stahlstange über meinen Händen lag. Als ich versuchte, die 18 Monate seit meiner Brustamputation noch einmal auszuloten, war ein Teil dessen, womit ich in Berührung kam, geschmolzene Verzweiflung und Wellen der Trauer um meine verlorene Brust, um meine Zeit, um den Luxus scheinbarer Macht. Es war nicht nur schwierig und schmerzlich, diese Gefühle wieder zu durchleben, sondern sie waren auch mit einer panischen Angst verbunden: wenn ich mich auf solche Selbsterforschung einließe und mich noch einmal für Verlust, Verzweiflung und die in meinen Augen allzu bescheidenen, zum Freuen gar nicht ausreichenden Siege öffnen würde, dann würde ich mich vielleicht auch wieder der Krankheit öffnen. Ich mußte mich selbst daran erinnern, daß ich all dies bereits durchgemacht hatte. Ich kannte den Schmerz und hatte ihn überlebt. Nun blieb mir nur noch, ihm Ausdruck zu geben, ihn durch Mit-Teilen zu nutzen – denn Schmerz sollte nicht vergeudet werden.

Selbstbewußt lebend und bei dem Zeitdruck, unter dem ich stehe, arbeite ich mit dem Bewußtsein des Todes an meiner Schulter, nicht ständig, aber doch oft genug, so daß es all meinen Entscheidungen und Handlungen den Stempel aufdrückt. Und es ist gleichgültig, ob dieser Tod nächste Woche oder in 30 Jahren eintritt: Dieses Bewußtsein gibt meinem Leben ein anderes Ausmaß, ein anderes Maß. Es hilft mir, meine Worte zu gestalten, meine Art zu lieben, die Politik meines Handelns, die Stärke meiner Visionen und Ziele und die Tiefe meiner Liebe zum Leben.

Ich würde lügen, wenn ich nicht auch von dem Verlust spräche. Jede Amputation ist eine physische und psychische Realität, die zu einem neuen Selbstgefühl verarbeitet werden muß. Das Fehlen meiner Brust macht mich immer von neuem traurig, aber dieses Traurigsein beherrscht trotzdem nicht mein ganzes Leben. Ich vermisse sie, und manchmal durchbohrt es mir das Herz. Wenn andere einbrüstige Frauen sich hinter der Maske der Prothese verstecken oder hinter dem gefährlichen Wunschtraum einer künstlichen Brust, finde ich in meiner weiteren weiblichen Umgebung wenig Unterstützung für meine Ablehnung dieser für mein Gefühl kosmetischen Attrappe. Aber ich glaube, die der Gesellschaft so willkommene Prothese ist nur ein weiteres Mittel, um Frauen mit Brustkrebs ruhig und voneinander entfernt zu halten. Was würde zum Beispiel geschehen, wenn eine Armee einbrüstiger Frauen auf den Kongress marschieren und verlangen würde, daß die im Fett gespeicherten krebserzeugenden Hormonzusätze im Rinderfutter gesetzlich verboten würden?!

Die Lektionen der letzten 18 Monate waren zahlreich: Wie versorge ich mich mit der bestmöglichen physischen und psychischen Nahrung, um die vergangenen Schäden wiedergutzumachen und künftigen vorzubeugen? Wie verleihe ich meinem Suchen und Fragen Ausdruck, so daß sich andere Frauen von meinen Erfahrungen nehmen können, was sie brauchen? Wie paßt meine Krebserfahrung in das weiter gespannte Gewebe meiner Arbeit als Schwarze Frau und in die Geschichte aller Frauen? Und vor allen Dingen: wie bekämpfe ich die aus Angst, Zorn und Ohnmacht kommende Verzweiflung, die mein ärgster innerer Feind ist?

Die Verzweiflung bekämpfen braucht, wie ich jetzt weiß, nicht zu heißen, daß ich die Augen vor den ungeheuren Aufgaben der Veränderung verschließe, noch daß ich die Stärke und barbarische Grausamkeit der Mächte unterschätze, die gegen uns angetreten sind. Es bedeutet, die wichtigste Energiequelle, die ich besitze – mich selbst – zu nutzen, zu unterrichten, zu überleben, zu kämpfen und an diesem Kampf Freude zu finden. Es bedeutet für mich, den äußeren Feind und meinen inneren Feind zu erkennen und mir klarzumachen, daß meine Arbeit Teil eines Kontinuums von Frauenarbeit ist, Teil unseres Anspruchs auf diese Erde und auf unsere eigene Macht; daß diese Arbeit nicht erst mit meiner Geburt begonnen hat und mit meinem Tod auch nicht endet. Und es bedeutet, zu wissen, daß mein Leben, meine Liebe und meine Arbeit innerhalb dieses Kontinuums im Vergleich mit anderen ihre eigene Macht und Bedeutung haben.

Es bedeutet, im Missisquoi River bei Morgengrauen Forellen zu fischen, die grüne Stille zu schmecken und zu wissen, daß auch diese Schönheit für immer mir gehört.

29. August 1980

(1979)

I

DIE VERWANDLUNG VON SCHWEIGEN IN SPRACHE UND AKTION*

Meinen Gedanken zu der Verwandlung von Schweigen in Sprache und Aktion möchte ich ein Gedicht voranstellen. Sein Titel ist: »Ein Lied für viele Bewegungen«, und ich trage es heute für Winnie Mandela vor. Winnie Mandela ist eine südafrikanische Freiheitskämpferin, die zur Zeit irgendwo in Südafrika im Exil lebt. Sie hat im Gefängnis gesessen, ist freigelassen und wieder festgenommen worden, weil sie öffentlich dagegen protestiert hat, daß unlängst Schulkinder, die Befreiungslieder sangen, ins Gefängnis gesteckt wurden und daß es zu öffentlichen Ausschreitungen gegen diese Kinder kam.

*Ursprünglich ein Vortrag, den Audre Lorde am 28. 12. 1977 auf dem Lesben- und Literaturforum der Modern Language Association hielt.

Ein Lied für viele Bewegungen

Niemand möchte sterben unterwegs
gefangen zwischen Geistern des Weißseins
und wirklichem Wasser
niemand von uns wollte die eigenen Knochen
lassen
unterwegs zum Heil
drei Planeten weiter links
hundert Lichtjahre früher
unsere Würze ist besonders und eigen
aber unsere Haut singt in Tonarten
die sich ergänzen
um Viertel vor acht all/gemeiner Zeit
erzählten wir uns dieselben Geschichten
immer und immer von vorn.

Gestürzte Götter überleben
in den Mauerrissen und Tontöpfen
jeder belagerten Stadt
wo offenkundig
zuviele Leiber sind
um sie zu den Öfen
oder Galgen zu karren
und unsere Brauchbarkeit ist jetzt
wichtiger als unser Schweigen
nach dem Niedergang
zu viele leere Fälle
von Blut zum Begraben oder Verbrennen
es wird niemand mehr übrig sein
um zuzuhören
und unsere Arbeit
ist jetzt wichtiger
als unser Schweigen.

Unsere Arbeit ist jetzt
wichtiger
als unser Schweigen.

(aus Audre Lorde, *The Black Unicorn,* W. W. Norton & Co, 1978.)

Ich komme immer von neuem zu der Überzeugung, daß die wichtigsten Dinge ausgesprochen, in Worte gefaßt und mitgeteilt werden müssen, selbst auf die Gefahr hin, daß ich dafür blaue Flecken ernte oder mißverstanden werde. Daß mir das Aussprechen gut tut und dies alles andere überwiegt. Ich stehe hier als Schwarze lesbische Dichterin, und die Bedeutung all dessen hängt an dem Faden der Tatsache, daß ich noch am Leben bin – was genausogut nicht der Fall sein könnte. Vor knapp zwei Monaten wurde mir von einer Ärztin und einem Arzt gesagt, ich müsse mich einer Brustoperation unterziehen und der Tumor sei mit 60- bis 80prozentiger Wahrscheinlichkeit bösartig. Zwischen dieser Nachricht und der tatsächlichen Operation lag eine dreiwöchige Periode der Höllenqual, unfreiwillig mein ganzes Leben neu organisieren zu müssen. Die Operation fand statt, und die Geschwulst war gutartig.

Aber in diesen drei Wochen war ich gezwungen, mich selbst und mein Leben mit so scharfer, dringender Klarheit zu sehen, daß es mich nachhaltig erschüttert, aber auch entschieden stärker gemacht hat. Einige der Erfahrungen aus dieser Zeit waren mir eine Hilfe bei der Erhellung meiner Empfindungen über die Verwandlung von Schweigen in Sprache und Aktion.

Daß ich mir gezwungenermaßen – und bis ins Mark – meiner Sterblichkeit und meiner Wünsche und Vorstellungen für mein Leben – wie kurz es auch sein mochte – bewußt werden mußte, hat bewirkt, daß mir alle Vorrangigkeiten und Versäumnisse meines Lebens in einem gnadenlosen Licht wie in Metall geätzt erschienen – und was ich am tiefsten bereut habe, war mein Schweigen. Wovor habe ich eigentlich jemals Angst gehabt? Fragen zu stellen und zu reden, wie mir der Sinn stand, hätte Schmerz bedeuten können oder Tod. Aber wir alle empfinden ständig auf verschiedenste Weise Schmerz, und entweder ändert sich der Schmerz oder er vergeht. Der Tod hingegen ist das endgültige Schweigen. Und dies könnte jetzt auf einmal plötzlich eintreten, ungeachtet dessen, ob ich gesagt habe, was ich hätte sagen müssen; ob ich mich nur mit kleinen Wortlosigkeiten betrogen habe, während ich mir immer vornahm, irgendwann den Mund aufzumachen; oder ob ich darauf gewartet habe, daß sich jemand anders äußert. Und hier begann ich, eine Quelle der Macht in mir selbst zu erkennen: das Wissen, daß ich zwar am liebsten ohne Angst wäre, aber daß es mir enorme Kraft gegeben hat, meine Angst in einer anderen Relation zu sehen.

Ich würde sterben müssen, wenn nicht früher, dann später, unabhängig davon, ob ich mich je persönlich geäußert hatte. Mein Schweigen hatte mich nicht geschützt. Euer Schweigen wird euch auch nicht schützen. Aber jedes wirkliche Wort von mir, jeder Versuch, die Wahrheiten auszusprechen, nach denen ich immer noch suche, hat zu Kontakten mit anderen Frauen geführt, die gemeinsam mit mir die Wörter daraufhin untersucht haben, ob sie für eine Welt, an die wir alle glauben könnten, passend wären und die Unterschiede zwischen uns überbrücken könnten. Die Anteilnahme und Fürsorge all dieser Frauen waren es dann, was mir die Kraft und Fähigkeit gegeben hat, die wesentlichen Fragen meines Lebens anzugehen.

Die Frauen, die mich während dieser Zeit unterstützten, waren Schwarz und weiß, alt und jung, lesbisch, bisexuell und heterosexuell, und wir alle führten einen ähnlichen Kampf gegen die Tyrannei des Schweigens. Sie alle gaben mir eine Kraft und Anteilnahme, ohne die ich nicht unbeschadet hätte überleben können. In diesen Wochen akuter Angst kam mir das Bewußtsein, daß ich in dem Krieg, den wir alle unterschwellig oder offen, unbewußt oder bewußt gegen die Mächte des Todes führen, nicht nur das Opfer, sondern auch die Kriegerin bin.

Welches sind die Wörter, die ihr noch nicht habt? Was müßt ihr sagen? Welche tyrannischen Zwänge schluckt ihr Tag für Tag in dem Versuch, sie euch zu eigen zu machen, bis ihr an ihnen erkrankt und – immer noch schweigend – sterbt?

Vielleicht verkörpere ich für einige von euch eine eurer Ängste. Weil ich eine Frau bin, weil ich Schwarz bin, weil ich lesbisch bin, weil ich ich selbst bin – eine Schwarze Kriegerin und Dichterin, die ihre Arbeit tut und gekommen ist, euch zu fragen, ob ihr die eure tut?

Und natürlich habe ich Angst – ihr könnt es meiner Stimme anhören – , weil die Verwandlung von Schweigen in Sprache und Aktion ein Akt der Selbst-Ent-deckung ist, und dieser Akt scheint immer voller Gefahr. Aber als ich meiner Tochter von unserem Thema und meinen Schwierigkeiten damit erzählte, meinte sie: »Sag ihnen doch, daß wir nie wirklich ganz sind, wenn wir stumm bleiben, weil immer dies kleine bißchen in uns ist, das ausgesprochen werden will, und wenn wir ewig darüber weggehen, lehnt es sich immer mehr auf und wird immer brennender, und wenn du es dann nicht rausläßt, bricht es irgendwann einfach los und haut dir auf den Mund!«

Wo es um die Verteidigung des Schweigens geht, zeichnen sich für jede von uns die Züge unserer Angst ab – Angst vor Verachtung oder Zensur, vor irgendeinem Urteil oder davor, erkannt zu werden. Angst vor der Herausforderung oder der Vernichtung. Aber ich glaube, am meisten Angst macht uns unsere bloße Sichtbarkeit, ohne die wir andererseits gar nicht wirklich leben können. In diesem Land, in dem der Rassenunterschied eine unaufhörliche, aber unausgesprochene Verzerrung der Sicht schafft, sind Schwarze Frauen immer schon extrem sichtbar gewesen und wurden eben deshalb durch die Persönlichkeitsberaubung des Rassismus unsichtbar gemacht. Selbst innerhalb der Frauenbewegung haben wir um diese Sichtbarkeit kämpfen müssen, die uns gleichzeitig am verwundbarsten macht: unser Schwarzsein – und wir werden es weiterhin tun müssen. Denn um in dem Rachen dieses Ungeheuers, das sich amerika nennt, leben zu können, hatten wir die eine entscheidende Lektion zu lernen: daß es uns gar nicht bestimmt war zu überleben. Nicht als *Menschen*! Und den meisten von euch hier, ob ihr nun Schwarz seid oder nicht, war es genauso wenig bestimmt. Diese Sichtbarkeit, die uns am verwundbarsten macht, ist aber gleichzeitig die Quelle unserer größten Kraft. Denn die Maschine wird so oder so versuchen, uns zu Staub zu zermalmen, ob wir den Mund aufmachen oder nicht. Wir können für immer stumm in unserer Ecke sitzen, während unser Leben und das unserer Schwestern vergeudet wird, während unsere Kinder verdorben und zerstört werden und unsere Erde vergiftet wird. Wir können in unserer sicheren Ecke sitzen, stumm wie die Wand, und wir werden trotzdem nicht weniger Angst haben.

Dieses Jahr haben wir bei mir zu Hause das Kwanza-Fest gefeiert, das afrikanisch-amerikanische Erntefest, das einen Tag nach Weihnachten beginnt und sieben Tage dauert.

Es gibt sieben Kwanza-Prinzipien, eins für jeden Tag. Das erste ist Umoja und bedeutet Einheit, den Entschluß, uns um die eigene Einheit und um die innerhalb der Gemeinschaft zu bemühen. Das Prinzip für den Tag gestern, den zweiten Tag, ist Kujichagulia – Selbstbestimmung: der Entschluß, uns selbst zu definieren, zu benennen und für uns selbst zu sprechen, statt uns von anderen definieren und andere für uns sprechen zu lassen. Heute ist der dritte Kwanza-Tag, und das Prinzip für heute ist Ujima – kollektive Arbeit und Verantwortlichkeit: der Entschluß, gemeinsam uns selbst und unsere Gemeinschaften aufzubauen und zu erhalten; gemeinsam unsere Probleme zu erkennen und zu lösen.

Wir sind heute hier zusammengekommen, weil wir alle auf die eine oder andere Weise der Sprache und der Macht der Sprache verpflichtet sind und weil wir fordern, daß diese gegen uns gewendete Sprache wieder zu einer Sprache in unserem Sinne wird. Für eine jede von uns ist es lebensnotwendig, bei der Verwandlung von Schweigen in Sprache und Aktion unsere Funktion zu bestimmen oder zu überdenken und unsere Rolle dabei als wesentlich zu erkennen.

Für die schreibenden Frauen unter uns ist es notwendig, nicht nur die Wahrheit dessen zu überprüfen, was wir sagen, sondern auch die der Sprache, mittels derer wir es sagen. Ihr anderen müßt die für euch und uns bedeutungsvollen Wörter übernehmen und eurerseits verbreiten. Aber in erster Linie müssen wir alle unbedingt unser Wissen weitergeben, indem wir die Wahrheiten, an die wir glauben und die wir über das Verstehen hinaus erfahren haben, leben und aussprechen. Denn nur so können wir überleben: indem wir uns in einen Lebensprozeß einschalten, der schöpferisch und von Dauer ist und Wachstum bedeutet.

Und es geht niemals ohne Angst – Angst vor unserem Sichtbarwerden, vor dem grellen Licht der Prüfung und vielleicht des Urteils, Angst vor Schmerzen und vor dem Tod. Aber all das haben wir ja schon durchlebt, schweigend – alles bis auf den Tod. Und ich versuche mich jetzt immerzu daran zu erinnern, daß ich, wäre ich stumm zur Welt gekommen oder hätte zu meiner Sicherheit einen lebenslangen Schweigeeid geleistet, trotzdem gelitten hätte und trotzdem sterben müßte. Das ist ein gutes Mittel, um die Dinge in der richtigen Relation zu sehen.

Und wo die Worte von Frauen danach schreien, gehört zu werden, müssen wir uns unserer Verantwortung bewußt werden, diese Worte aufzufinden, in ihnen zu lesen, sie mit diesen Frauen zu teilen und uns nach ihrer Relevanz für unser eigenes Leben zu fragen. Wir dürfen uns nicht hinter den scheinbaren Abgrenzungen verstecken, die uns aufgezwungen werden und die wir so leicht verinnerlichen. Zum Beispiel: »Ich kann unmöglich Literatur von Schwarzen Frauen unterrichten. Ihre Erfahrung ist eine ganz andere als meine eigene...« – während ihr jahrelang Plato und Shakespeare und Proust unterrichtet habt. Oder: »Sie ist lesbisch – was würde mein Mann oder mein Vorgesetzter dazu sagen?« Oder auch: »Diese Frau schreibt über ihre Söhne, und ich habe doch keine Kinder.« Und all die anderen endlosen Mittel, uns unserer selbst und der anderen zu berauben.

Wir können lernen, zu arbeiten und zu reden, wenn wir in Angst sind, genauso wie wir es gelernt haben, zu arbeiten und zu reden, wenn wir müde sind. Man hat uns nämlich dazu erzogen, unsere Angst wichtiger zu nehmen als unsere eigenen Bedürfnisse nach Sprache und Klarheit, und während wir schweigend auf den letzten Luxus eines angstfreien Zustands warten, werden wir an dem Gewicht dieses Schweigens ersticken. Die Tatsache, daß wir hier zusammengekommen sind und daß ich jetzt diese Worte spreche, bedeutet, daß wir versuchen, das Schweigen zu brechen und einige der Unterschiede zwischen uns zu überbrücken, denn nicht die Unterschiede lähmen uns, sondern das Schweigen. Und es gibt Unmengen von Schweigen zu brechen.

II

BRUSTKREBS
EINE SCHWARZE, LESBISCH-FEMINISTISCHE
ERFAHRUNG

25. März 1978

Die Vorstellung von Wissen - an Stelle von Glauben, Vertrauen oder auch nur Verstehen - hat schon immer als ketzerisch gegolten. Aber ich würde freiwillig jeden Preis an unvermeidlichen Schmerzen dafür zahlen, das Gewicht der Vollständigkeit kosten zu können, randvoll zu sein nicht mit Überzeugungen, nicht mit Glauben, sondern mit Erfahrung — einem Wissen, das unmittelbar und von allen anderen Gewißheiten verschieden ist.

10. Oktober 1978

Ich will über die Schmerzen schreiben. Der Schmerz des Aufwachens aus der Narkose im Reanimationsraum, der durch das sofortige Verlustgefühl noch verschlimmert wurde. Das Auf- und Abklingen von Schmerz und Spritzen. Der Schmerz der richtigen Position meines Arms für die Drainage. Die Euphorie des zweiten Tags, und wie es von da an abwärts ging.
Ich will über die Schmerzen schreiben, die ich in diesem Augenblick habe, über die warmen Tränen, die mir unaufhörlich herunterlaufen — warum? Weine ich um meine verlorene Brust? Um mein verlorenes Selbst? Aber welches Selbst war

das überhaupt? Weine ich um den Tod, den ich hinausschieben oder dem ich auf elegante Art begegnen möchte – und nicht weiß, wie?

Ich bin all dessen so müde. Ich möchte die Person sein, die ich immer war, wirklich ich. Ich habe manchmal das Gefühl, alles ist nur ein Traum und ganz sicher wache ich jeden Moment auf.

2. November 1978

Womit verbringen Sie eigentlich Ihre Zeit, fragte sie. Mit Lesen hauptsächlich, antwortete ich. Ich konnte ihr nicht sagen, daß ich die meiste Zeit leere Wände anstarre oder zusehe, wie ich bleischwer werde bis ans Herz. Und dann, daß ich mich stundenlang liebe, seit ich eines Tages entdeckte, daß ich wieder masturbieren konnte. Die Flamme war schwach und unstet, aber es war eine willkommene Erleichterung nach der langen Kälte.

29. Dezember 1978

Was hätten wir denn noch zu fürchten, wenn wir uns eingestünden, daß wir dem Tod von Angesicht zu Angesicht begegnet sind, ohne uns ihm anheimzugeben? Wer, wenn wir unser Sterben einmal als wirklich angenommen haben, könnte je wieder Macht über uns erlangen?

Dies ist eine Arbeit, die ich allein bewältigen muß. Seit Monaten hat es mich danach verlangt, etwas Sinnvolles über den Krebs zu schreiben, über seine Einwirkungen auf mein Leben und mein Bewußtsein als Frau, als Schwarze, lesbische, feministische Mutter Liebende Geliebte Dichterin und was ich sonst noch alles bin. Aber mehr noch oder genauso möchte ich die tieferen Auswirkungen von Brustkrebs auf mich durchleuchten und die Drohungen sichtbar machen, die gegen jegliche Selbstfindung und auf der Stelle gegen jede Frau aufgefahren werden, die sich um diese Fragen und um Antworten bemüht. Selbst angesichts unseres Todes und unserer Würde will man uns nicht das Recht zugestehen, unsere Bedürfnisse, unsere Gefühle, unser Leben selbst zu bestimmen.

Nicht einmal über die äußeren Bedrohungen meiner Lebensvision und meines Handelns konnte ich schreiben, solange das Gefühl der inneren Bedrohung so stark war.

Dieses Widerstreben ist ein Widerstreben, mich mit mir selbst auseinanderzusetzen – mit meinen Erfahrungen, den in ihnen begraben liegenden Gefühlen, und mit den Schlußfolgerungen, die daraus zu ziehen sind. Es ist natürlich auch ein Widerstreben, zu leben oder weiterzuleben und den Schmerz wieder aufleben zu lassen. Der Schmerz, mich von meiner Brust trennen zu müssen, war mindestens so scharf wie der der Trennung von meiner Mutter. Aber ich habe es damals schon geschafft, und so weiß ich, ich kann es auch diesmal schaffen.

Schon der Versuch, dies alles Schritt für Schritt festzuhalten, ist der Prozeß, den Blick von den Äußerlichkeiten auf das Wesentliche zu konzentrieren.

Vor einem Jahr erfuhr ich, ich hätte mit 80prozentiger Wahrscheinlichkeit Brustkrebs. Damals war die Biopsie* jedoch negativ. Aber in den drei Wochen zwischen dieser Mitteilung und der Entdeckung, daß es doch nicht der Fall war, begegnete ich zum ersten Mal der essentiellen Frage meiner Sterblichkeit. Ich würde sterben, und zwar vielleicht viel eher, als ich es je in Betracht gezogen hatte. Dieses Wissen verschwand auch nicht mit der Diagnose eines gutartigen Tumors. Wenn nicht heute, sagte ich zu meiner Geliebten,

*Stichprobenuntersuchung

dann vielleicht morgen. Niemand hat 300 Jahre zur Verfügung! Das Entsetzen, das ich in diesen drei Wochen bezwang, hinterließ in mir eine Entschlossenheit und innere Freiheit, mich so zu äußern, wie ich es brauche, und mein Leben so einzurichten und zu genießen, daß meine Existenz einen Sinn ergibt.

Im darauffolgenden Sommer, dem Sommer 1978, schrieb ich in mein Tagebuch:

> *Was auch immer die Botschaft sein mag – hoffentlich überlebe ich ihre Mitteilung. Ist Loslassen ein Prozeß oder ein Preis? Was muß ich dafür zahlen, daß ich nicht eher Klarheit habe? Am Abgrund lernen? Etwas loslassen, das kostbar, aber nicht länger vonnöten ist?*

In jenem Herbst begegnete ich also meinem Krebs gewissermaßen von einer wohlüberlegten Warte aus. Dennoch warf es mich in hohem Bogen aus der Bahn, mich dem Schmerz, der Angst und dem Tod stellen zu müssen, mit denen ich mich doch, so meinte ich, bereits einverstanden erklärt hatte. Ich wußte damals noch nicht, wieviele Gesichter dieses Einverständnis hat, und auch nicht, wieviele Mächte in den Strukturen unseres Alltags dagegenstehen, noch wie oft ich dieses Einverständnis neu definieren müßte, weil immer neue Erfahrungen hinzukämen. Die Hinnahme des Todes als Tatsache – und nicht als Wunsch zu sterben – kann meine Energien auf eine Weise steigern, wie es kaum möglich ist, wenn ein Auge auf ewig blind bleibt.

Letzten Monat, drei Monate nach der Operation, schrieb ich in mein Tagebuch:

> *Es scheint, als bewegte ich mich zur Zeit um soviel langsamer. Es ist, als könnte ich die einfachsten Dinge nicht mehr tun, als würde alles und jedes einer Entscheidung bedürfen – und jede Entscheidung ist so maßgeblich! Trotzdem fühle ich mich im Ganzen stark und lebensfähig,*

und nur manchmal komme ich mit jener ge-
schlagenen Stelle in Berührung, wo ich völlig
unzulänglich bin für das, was ich wirklich errei-
chen möchte. Oder, in anderen Worten, ich bin
immer an der falschen Stelle zärtlich gestimmt.

Im September 1978 ging ich für eine zweite Brustbiopsie ins Krankenhaus. Diesmal passierte alles viel schneller als letztes Jahr. Da war nichts von dem tiefen Grauen der ersten Biopsie, aber auch nichts von der gleichzeitigen Spannung einer ganz neuen Erfahrung. Am Abend davor sagte ich zu meinem Chirurgen: »Ich habe diesmal viel mehr Angst, aber ich komme besser damit klar.« Vordergründig wenigstens erwarteten wir alle eine Wiederholung. Meine erste Reaktion auf das Gefühl dieses Knotens war: »Ich habe es doch schon einmal durchgemacht. Warum nun alles noch einmal von vorn?«

Warum? – weil es diesmal ernst war.

Ich erwachte nach der Biopsie im Reanimationsraum kälter, als mir wohl je in meinem Leben gewesen ist. Ich war von Schmerz und Entsetzen erfüllt. Ich wußte, es war bösartig. Woher ich das wußte, weiß ich nicht, aber ich vermute, ich hatte die Tatsache im Operationssaal aufgenommen, während ich noch bewußtlos war. Bewußtlos sein heißt eigentlich nur, keine Antwort geben und sich nicht schützen können vor dem, was durch die Ohren und übrigen Sinne aufgenommen wird. Aber als ich im Reanimationsraum meine Hand hob und meine beiden verbundenen Brüste anfühlte, wußte ich, daß in einer von ihnen etwas Bösartiges saß und daß die andere ebenfalls biopsiert war. Nur zur Sicherheit. Ich hätte alles darum gegeben, es in diesem Augenblick etwas wärmer zu haben. Der Gong in meinem Kopf: »Bösartig! ... Bösartig! ...« und das eisige Gefühl dieses unterkühlten Raums schnitten sich durch den Rest der Narkose wie ein auf mein Bewußtsein abgerichtetes Feuerroß. Alles, was ich denken konnte, war, aus diesem Zimmer zu kommen und wieder warm zu werden. Ich rief und schrie und klagte über die Kälte und bat um Extradecken, bekam aber keine. Den Schwestern wurde mein Aufstand zuviel, und sie ließen mich bald auf mein Zimmer zurück.

Mein Arzt hatte gesagt, er würde beide Brüste biopsieren, wenn die eine bösartig sei. Es war nicht zu fassen, daß dies Krankenhaus die Air Condition nicht abstellen oder mir mehr Decken geben konnte! Die Amazonenmädchen waren erst 15, dachte ich – wie haben sie das bewältigt?

Da stand Frances, an der Tür meines Zimmers, wie eine große Sonnenblume. Ich tauchte von neuem aus der Narkose auf, als sie meine Hand in ihre köstlich warmen Hände nahm, ihr liebes Gesicht über mich gebeugt. »Es ist bösartig, nicht wahr, Frances, es ist bösartig«, sagte ich. Sie drückte meine Hand, und ich sah Tränen in ihren Augen. »Ja, Liebling, so ist es,« sagte sie, und die Narkose ebbte an der scharfen Kante dieser Tatsache von neuem ab. »Baby, mir ist so kalt, so kalt«, sagte ich. Am Abend vorher, als sie ging, hatte ich weinend zu ihr gesagt: »Der wahre Sieg wird sein, wenn ich aus der Narkose aufwache.«

Die Entscheidungen kamen mir viel leichter vor. Der ganze Rest des Tages erschien mir als ständiges Hin und Her zwischen dem leichten Schmerz in beiden Brüsten und meinem akuten Bewußtsein von der Tatsache des Todes in der rechten. Vermischt mit dem zärtlichen Berührtsein und Nachdenken über die Realitäten zwischen Frances und mir. Unser gegenseitiges Trösten – »Wir schaffen es schon, wir beide« – und die Kälte, die entsetzliche Kälte dieser ersten Stunde. Und zwischen uns unsere gemeinsamen Tränen und unsere tiefe Liebe. Ich sank in Schlaf und tauchte wieder daraus auf, tauchte immer öfter auf.

Unsere Freundinnen kamen und waren da, liebevoll und hilfsbereit da, türmten Mäntel auf mein Bett und brachten dann eine Steppdecke und Wolldecken, weil das Krankenhaus angeblich keine Decken übrig hatte und mir vom Reanimationsraum so hoffnungslos kalt war.

Ich sehe noch ihre Gesichter vor mir, als wir unser Wissen um die Lage und das Versprechen tauschten, uns in der harten Prüfung der kommenden Tage gegenseitig aufrechtzuhalten. In gewisser Weise war es, als wären die Frauen, die ich am meisten liebe, eine nach der anderen an mein Bett getreten und wir hätten einen wortlosen Schwur der Stärke und Schwesterlichkeit abgelegt, der nicht weniger heilig war als ein Blutsschwur.

Zwischendurch kam mir wieder ins Bewußtsein: ich habe Krebs. Ich bin eine Schwarze lesbisch-feministische Dichterin – wie mache ich das jetzt? Wo sind die Vorbilder, die mir sagen, wer oder was ich in dieser Situation sein soll? Aber es gab keine Vorbilder. Nichts zu machen, Audre! Du mußt allein damit fertig werden.

In den nächsten beiden Tagen, während ich mich mit der Frage quälte, was für Möglichkeiten ich nun eigentlich hätte und für welche ich mich entscheiden sollte, wurde mir klar, daß ich mich eigentlich schon vor der Biopsie für die Operation entschieden hatte, falls sie sich als notwendig erweisen sollte. Ich wollte auf jeden Fall eine Zwei-Schritt-Operation: die zeitliche Trennung der Biopsie von der Mammaablatio*. Ich wollte Zeit haben, mir meine Entscheidung noch einmal zu überlegen und ernsthaft nach einer Alternative zu suchen, die mir einen guten Grund böte, meine Meinung zu ändern. Aber es gab in meinen Augen keine befriedigende Alternative.

Ich wollte mich noch einmal neu entscheiden, und das tat ich, nachdem mir alle anderen Möglichkeiten bekannt waren und ich gierig Seite um Seite die Bücher verschlungen hatte, die ich mir durch Frances, Helen und meine Freundinnen hatte besorgen lassen. Diese Bücher stapelten sich nun überall in dem jämmerlichen Zimmerchen auf und gaben ihm wenigstens eine Spur von einem Zuhause.

Schon vor der Biopsie, als ich Montagnachmittag ins Kran-

*Brustamputation

kenhaus ging, begannen unsere Freundinnen au [...]
ein Frauennetzwerk zu knüpfen. Blanche und C[...]
gerade noch rechtzeitig vor Ende der Besuchsze[...]
ampton und brachten eine himmlische französis[...]
Rum-Torte mit, auf der in Marzipan »Wir lieben dich,
Audre« stand – unverschämt üppig und sündhaft köstlich!
Als das Resultat am Dienstag »bösartig« lautete, schaltete
das Netzwerk auf volle Kraft. Bis zum heutigen Tag weiß
ich nicht, was Frances und ich und die Kinder ohne diese
Hilfe unserer Freundinnen gemacht hätten.

Zwischen dem Augenblick meines Erwachens und dem Gefühl langsam wachsender Wärme durch Adriennes und Ber-
nices und Deannas und Michelles und Frances' Mantel auf
meinem Bett spürte ich das Beth Israel Krankenhaus in ein
Gewebe von Frauenliebe und intensiven Wünschen für Vertrauen und Hoffnung eingesponnen. Es hielt an, solange ich
dort war, und es erhöhte die Möglichkeit meiner Selbsthei-
lung zu wissen, daß ich nicht allein war. In dieser Zeit und
auch noch eine Weile danach schien es, als sei kein Problem
zu klein oder zu groß, um geteilt und in Angriff genommen
zu werden.

Meine Tochter Beth weinte im Wartezimmer, als ich ihr sagte, ich hätte mich für die Brustamputation entschieden. Sie
sagte, sie hinge sentimental an meinen Brüsten. Adrienne
tröstete sie und machte ihr irgendwie klar, so hart es auch
sein mochte, es sei etwas anderes für mich, als wenn ich in
ihrem, Beths Alter wäre: unsere Erfahrungen seien unter-
schiedlich.

Adrienne erbot sich, früh aufzustehen und den Wagen zu
parken, damit Frances vor der Operation bei mir sein konnte. Blanche und Clare gingen mit den Kindern Schulkleidung
kaufen und trugen dazu bei, daß sie trotz der ganzen Härte
spielen und Spaß haben konnten. Meine Schwester Helen
kochte Hühnersuppe mit selbstgemachten Klößen. Bernice
sammelte Unterlagen, Namen, Adressen und Krankenbe-
richte über alternative Heilmethoden für Brustkrebs. Und

hrend dieser drei Tage zwischen der Biopsie und meiner Brustamputation ergoß sich eine Flut von guten Wünschen durch die Post, das Telefon, durch die Tür und telepathisch durch den Äther in mein Zimmer.

Noch heute fühle ich mich manchmal wie eine vereinte Anstrengung, da so viele Frauen aus so vollem Herzen Liebe, Fürsorge und Betroffenheit in mich investierten. Meine Ängste waren unser aller Ängste.

Und immer war Frances da und strömte ein stetes warmes Licht in nächster Nähe der Insel aus, auf der ich allein zu kämpfen hatte.

Ich erwog die Alternativen zur traditionellen Schulmedizin, d.h. zu Operation, Bestrahlung und Chemotherapie. Ich erwog die ganzheitlichen Heilungsmethoden wie Diäten, Vitamintherapie, experimentelle Immunotherapien, westdeutsche Pankreasenzyme und so weiter. Die Entscheidung für oder gegen eine Brustamputation mußte letztlich ich selbst treffen. Das stand für mich von Anfang an unverrückbar fest, und ich hatte mir auch unter diesem Gesichtspunkt meinen Chirurgen ausgesucht. Mit all den unterschiedlichen Informationen, die ich schon vor dem Krankenhaus und zusätzlich in den hektischen drei Tagen nach der Biopsie gesammelt hatte, mußte ich nun mehr denn je das Für und Wider jeder Möglichkeit erwägen, während mir ständig in aller Schärfe bewußt war, wie mangelhaft die Kenntnisse über Krebs allgemein noch waren.

Und die ganze Zeit über schrie eine dünne hohe Stimme als Hintergrundgeräusch aus Schmerz, Entsetzen und Ungläubigkeit, dies alles sei doch gar nicht wahr, es sei nur ein böser Traum, der sich in Nichts auflösen würde, wenn ich jede Regung in mir zum Stillstand brächte. Ein anderer Teil von mir flog wie ein großer Vogel an die Decke jedes Raums, in dem ich mich aufhielt, beobachtete meine Handlungen und gab einen laufenden Kommentar dazu ab, den er noch durch die Empfehlungen übersehener Faktoren, neuer Bewegungsmöglichkeiten und durch obszöne Bemerkungen ergänzte.

Ich hatte den Eindruck, ständig einem Stimmenkonzert in mir selbst zu lauschen, wobei jede Stimme ein wenig von den anderen abwich, aber gleichermaßen eindringlich sprach und mich nicht in Ruhe lassen wollte.

Sie übertönten äußerst erfolgreich die dünne hohe Stimme, die mir zum Schlaf riet, aber ich wußte, sie war trotzdem da,und manchmal fragte ich mich mitten in der Nacht, wenn ich nicht schlafen konnte, ob sie nicht die Stimme der Weisheit und nicht die der Verzweiflung war.

Jetzt ist mir klar, daß ich mich damals in einem gnädigen Zustand des Schocks befand. In gewissem Sinne waren es tatsächlich meine Stimmen – diese Myriaden Teile meiner selbst, meiner Herkunft, Erfahrung und Selbstdefinition, für deren Entwicklung und Erhaltung ich so lange und hart gekämpft hatte und die mich nun sozusagen auf Automatik gestellt leiteten. Aber zu der Zeit empfand ich das nicht so. Manchmal war ich äußerst ruhig, kühl und gesammelt, so als wäre die ganze Angelegenheit ein intellektuelles Problem, das nur durchdacht und gelöst zu werden brauchte: sollte ich mich für die Brustamputation entscheiden oder nicht? Von welcher Seite ließe sich eine Brustkrebsdiagnose nach einer Vorgeschichte von Brustdrüsenentzündungen mit zystischen Veränderungen (Mastopathie) am weisesten angehen? Dann wieder fühlte ich mich schier überwältigt vor Schmerz und Wut und der Unzulänglichkeit meiner Mittel, überhaupt irgendeine sinnvolle Entscheidung zu treffen, doch genau das mußte ich.

Was mir half, war die Tatsache, daß eine starke Stimme nachdrücklich darauf bestand, ich hätte diese Entscheidung in Wirklichkeit schon gefällt und brauchte mir die Teile davon nur wieder ins Gedächtnis zu rufen und zusammenzufügen. Manchmal ärgerte mich allerdings dieses Gefühl, daß ich mich weniger zu entscheiden als vielmehr zu erinnern hätte.

Ich wußte, das Entsetzen, mit dem ich ein Jahr lang seit meiner letzten Biopsie gelebt hatte, war nun real geworden, und bei aller Schwere war es in gewissem Sinne leichter, mit dieser Realität umzugehen als mit der Angst. Trotzdem fiel es mir immer noch furchtbar schwer, mich nicht nur der Vorstellung meiner eigenen fragilen Sterblichkeit zu stellen, sondern auch weitere körperliche Schmerzen und den Verlust eines von mir so geliebten Körperteils wie meiner Brust auf mich zukommen zu sehen. Und all das arbeitete in mir, während ich gleichzeitig entscheiden mußte, was ich tun sollte. Zum Glück hatte ich bereits ein langes Training hinter mir.

Ich hörte meinen Stimmen zu, erwog die Alternativen und ging immer wieder die Unterlagen durch, die fürsorgliche Frauen mir besorgt hatten. Zwischen meinem Aufwachen nach der Biopsie und meiner schließlichen Entscheidung schien eine Ewigkeit zu liegen, dabei waren es nur anderthalb Tage.

Mittwoch nachmittag teilte ich Frances mit, daß ich mich für die Operation entschieden hatte, und ihr kamen die Tränen. Später sagte sie mir, sie hätte schreckliche Angst gehabt, ich könnte die Operation ablehnen und einer alternativen Behandlungsmethode den Vorzug geben. Sie wäre bereit gewesen, jeder Entscheidung von mir zu folgen, aber auch ihr erschien die Operation als die weiseste von allen.

Breiten Raum bei dieser Entscheidung nahm die unleugbare Tatsache ein, daß jeder chirurgische Eingriff in einen Zystenbereich Krebszellen aktivieren kann, die sich andernfalls vielleicht ruhig verhalten hätten. Ich hatte mich schon vor einem Jahr mit dieser Tatsache auseinandergesetzt, als ich mich für oder gegen die Biopsie entscheiden mußte, aber da die Wahrscheinlichkeit eines bösartigen Tumors damals so hoch war, hatte ich das Gefühl, gar keine andere Wahl zu haben. Nun mußte ich wieder die Möglichkeit ins Auge fassen, daß die Operation einen neuen Erkrankungsprozeß auslösen würde. Ich überhäufte meinen Chirurgen mit endlosen Fragen, die er in gutem Glauben beantwortete – soweit er dazu in der Lage war. Ich wägte meine Chancen ab.

In meiner rechten Brust, in eine Fettzyste eingebettet, saßen bösartige Zellen, und wenn ich nichts gegen sie unternehmen würde, würde ich ziemlich bald an Krebs sterben. Was ich auch immer unternähme – der Wucherungsprozeß könnte sich dadurch aufhalten lassen oder auch nicht, und ich würde lange Zeit nicht die mindeste Gewißheit darüber haben.

Als der Augenblick der Entscheidung kam, horchte ich, wie ich Frances später erzählte, in mich hinein, was ich wirklich fühlte und wollte, und die Antwort war: zu leben, zu lieben und meine Arbeit zu tun, so intensiv und so lange ich konnte. Also wählte ich einfach den Ablauf, der mir diese Wünsche mit der größtmöglichen Wahrscheinlichkeit zu erfüllen schien – wohl wissend, daß ich körperlich sogar noch mehr als meine geliebte Brust dafür gegeben hätte, dieses nicht nur körperlich bestimmte Selbst zu retten. Und auch dann hätte ich mir noch gesagt, daß es sich lohnt.

Als ich die Entscheidung gefällt hatte, war ich zufrieden damit und fähig, die nächsten Schritte zu tun. Bestrahlung und Chemotherapie schienen mir nicht der richtige Weg für mich, weil mir alles, was ich über sie gelesen hatte, den deutlichen Eindruck vermittelte, sie seien in sich und aus sich selbst heraus krebserzeugend. Die experimentellen Behandlungsmethoden ohne operationellen Eingriff waren interessante Möglichkeiten, aber ihre Wirksamkeit war noch nicht wirklich erwiesen. Die Operation, die subtotale Mammaablatio (Brustamputation ohne Entfernung der regionalen Lymphknoten) würde, auch wenn sie traumatisch und schmerzlich war, jeden weiteren Wucherungsprozeß durch die Beseitigung des Herdes unterbinden. Bis hierhin war sie an sich und aus sich selbst heraus ungefährlich, denn die möglicherweise durch die Operation ausgelösten Prozesse waren ja schon durch die Biopsie ausgelöst. Ich wußte, es könnte einmal eine Zeit kommen, zu der sich die Operation – aufgrund der Wirksamkeit alternativer Behandlungsmethoden – nachträglich als unnötig erweisen würde. Es könnte sein, daß ich meine Brust umsonst verlöre. Aber nichts war so sicher wie die Amputation, und diesen Preis wollte ich gern für mein Leben zahlen. Folglich hatte ich das Gefühl, den für mich weisesten Ablauf gewählt zu haben. Ich glaube, das Entscheidende war gar nicht so sehr, was ich wählen würde, sondern daß ich mir der Möglichkeit der Wahl überhaupt bewußt war und mich anschließend gestärkt fühlte, denn ich hatte mich entschieden und etwas Wichtiges für mich getan – ich hatte mich bewegt.

Die ganzen drei Tage zwischen der Biopsie und der Operation war ich von einer regelrechten Wut zu leben besessen, die zu eiserner Entschlossenheit wurde, alles Nötige zu tun, um dieses Leben tatsächlich zu meistern. Ich erinnere mich, daß ich mich fragte, ob ich wohl stark genug sei, diese Entschlossenheit auch noch aufrechtzuerhalten, wenn ich das Krankenhaus verlassen hatte. Falls ich es verlassen würde...

Denn bei dem ganzen Hin- und Herüberlegen und meinen großen moralischen Entschlüssen zitterte ich innerlich vor einer neuen Konfrontation mit der Narkose. Die Prozedur war mir inzwischen vertraut, aber mein Entsetzen hatte sich deshalb nicht vermindert.

Ich hatte auch Angst, keine wirkliche Kontrolle zu haben; Angst, es könnte doch zu spät sein, um den Krebs noch aufzuhalten; Angst, es gäbe einfach zuviel zu tun, als daß ich es alles schaffen könnte; und Angst, die Schmerzen wären schlicht zu groß. Wofür zu groß, wußte ich nicht. Ich hatte Angst. Daß ich eine weitere Narkose nicht überleben würde, daß der Preis nicht ausreichend wäre – wofür? Auch das wußte ich nicht. Vielleicht, denke ich heute, hatte ich Angst, weiter ich selbst zu sein.

Das Jahr davor, als ich fast vier Wochen lang auf meine erste Biopsie gewartet hatte, war ich auf meine rechte Brust zornig geworden, weil es mir vorkam, als hätte sie mich auf unerwartete Weise betrogen, als hätte sie sich bereits abgetrennt und gegen mich gewandt, indem sie diesen Tumor produzierte, der vielleicht bösartig war. Meine geliebte Brust hatte plötzlich die Regeln unseres Zusammenlebens gebrochen, auf die wir uns all die Jahre hindurch geeinigt hatten.

Aber am Tag vor der Brustamputation schrieb ich in mein Tagebuch:

> *21. September 1978*
>
> *Der Zorn, den ich letztes Jahr gegen meine rechte Brust empfand, hat sich gelegt, und ich bin froh, dieses Extrajahr gehabt zu haben. Von dem Zeitpunkt an, wo ich das Vorhandensein meiner Brüste akzeptieren konnte, sind sie so überaus kostbar für mich gewesen, daß es ein Jammer wäre, das letzte Lebensjahr der einen von beiden nicht zu genießen. Und ich glaube, ich bin jetzt in einer Weise auf diesen Verlust vorbereitet, wie ich es letzten November doch noch nicht war — denn jetzt sehe ich es wirklich als Wahl zwischen meiner Brust und meinem Leben, und so gesehen ist es gar keine Frage.*
>
> *Irgendwie habe ich schon immer gewußt, daß es letztlich darauf hinauslaufen würde, denn ich habe das Ganze nie als abgeschlossene Angelegenheit empfunden. Dies Jahr dazwischen war wie ein Hiatus, eine Atempause in einer Schlacht, in der ich so leicht hätte fallen können, da ich ohne Zweifel eine Kriegerin war. Und in dieser kurzen Zeitspanne schien die Sonne, und die Vögel sangen, ich schrieb wichtige Sachen, liebte intensiv und wurde wiedergeliebt. Und auch wenn lebenslanger Grund zur Wut schuld an diesem Tod in meiner rechten Brust sein sollte, würde ich von allem, was ich früher schon nicht akzeptieren konnte, auch jetzt keinen Deut mehr akzeptieren, um meine*

Brust behalten zu können. Es war eine zwölf
Monate lange Gnadenfrist, in der ich die emotionalen Tatsachen/Wahrheiten aufnehmen
konnte, auf die ich letztes Jahr in den horrenden
Wochen vor der Biopsie zum ersten Mal gesto-
ßen war. Wenn ich tue, was ich muß, weil ich es
möchte, ist es weniger wesentlich, wann der
Tod kommt, denn dann ist er ein Verbündeter
gewesen, der mir die Sporen gegeben hat!
Ich war erleichtert, als der erste Tumor gutartig
war, aber ich habe damals zu Frances gesagt:
Der wahre Horror wäre, wenn sie behaupteten,
er sei gutartig, während er es in Wirklichkeit gar
nicht ist! Ich denke, mein Körper wußte, daß da
irgendetwas Bösartiges saß und daß ich mich irgendwann damit auseinandersetzen müßte.
Nun, ich bin dabei, und ich tue es, so gut ich
kann. Ich wünschte, ich brauchte es nicht zu
tun, und ich weiß ja nicht einmal, ob ich es richtig mache, aber eins steht fest: ich bin heilfroh,
daß ich dieses Extrajahr hatte, um mich selbst
auf andere Weise lieben zu lernen.
Ich lasse mir die Brust abnehmen, obwohl ich
weiß, daß es Alternativen gibt, die zum Teil
sehr vernünftig klingen, aber mich nicht wirklich befriedigen. ... Das Spiel geht schließlich
um Leben und Tod, und da mir mein Leben
mehr wert ist als die sinnlichen Wonnen meiner
Brust, kann ich es einfach nicht darauf ankom-
men lassen.

19.30 Uhr. Und doch – auch wenn ich hundert
Jahre weinen würde, könnte ich unmöglich den
Kummer ausdrücken, den ich in diesem Augenblick empfinde, und die Trauer und den Verlust. Wie haben sich die Amazonen von Daho-

mey wohl gefühlt? * *Sie waren noch ganz junge*
Mädchen! Aber sie taten es freiwillig, für etwas,
woran sie glaubten. Vermutlich tue ich das ge-
nauso, nur kann ich es zur Zeit nicht fühlen.

Eudora Garrett war nicht die erste Frau, mit der ich körperliche Wärme und Wildheit getauscht habe, aber sie war die
erste Frau, mit der ich mich restlos auf die Liebe einließ. Ich
erinnere mich noch an das Zögern und die Zärtlichkeit, die
ich empfand, als ich die tiefen Narben in der Höhlung ihrer
rechten Schulter und über ihrer Brust berührte — in jener
Nacht, als sie in der klaren, geballten Hitze unseres mexika-
nischen Frühlings schließlich ihren letzten Schmerz über ihre
Brustamputation mit mir teilte. Ich war 19 und sie 47. Nun
bin ich 44, und sie ist tot.
In der Nacht vor der Operation kam Eudora im Traum zu
mir in das kleine kalte Krankenhauszimmer, das dem hellen,
heißen Durcheinander ihres Schlafzimmers in Cuernavaca
so unähnlich war. Sie kam in ihrer schlaksigen Löwenmaul-
gestalt mit ihrem schrägen Zahnlückenlächeln, und wir hielten uns eine Weile an den Händen.
Am nächsten Morgen, bevor Frances kam, schrieb ich in
mein Tagebuch:

> *22. September 1978*
> *Heute ist es so weit, in dem erbarmungslos ver-*
> *regneten Morgen, und alles was ich tun kann,*
> *ist weinen. Eudora, was habe ich dir in jenen*
> *mexikanischen Tagen vor so langer Zeit gege-*
> *ben? Wußtest du, wie sehr ich dich geliebt ha-*
> *be? Nie hast du über deinen Tod gesprochen,*
> *immer nur über deine Arbeit ...*

---

*Es heißt, die Amazonenkriegerinnen von Dahomey hätten sich die rechte
Brust abgeschnitten, um besser bogenschießen zu können.

Durch einen Drogenschleier von Beruhigungsmitteln und Marihuana weiß ich noch Frances' Hand auf meiner – und das letzte Bild von ihrem lieben Gesicht wie eine große Sonnenblume am Himmel. Dann die Qual der über meinem Gesicht vorbeiblitzenden Lichter, das Hallen ausgeweideter Geräusche, die keinen Zusammenhang und keinen Bezug zu mir hatten, außer daß sie über mich herfielen. Die Abfertigung, mit der ich aufgehört hatte, eine Person, ich selbst zu sein, und zu einem Ding auf einer Transportliege wurde, das man hinaufschickte zu Moloch – ein dunkles lebendiges Opfer an einem weißen Ort.

Ich weiß noch, daß ich im Reanimationsraum geschrien und geflucht habe und daß mir eine ekelhafte Schwester eine Spritze gab. Ich weiß noch, daß eine Stimme sagte, ich solle still sein, es wären kranke Leute hier, und daß ich sagte: Das ist mein gutes Recht, schließlich bin ich auch krank! Bis um 5 Uhr am nächsten Morgen war das Aufwachen aus der Narkose eine Folge von kurzen Wellen heftiger lokaler Schmerzen zwischen Spritzen und Schlaf. Um 5 Uhr rieb mir eine Schwester wieder den Rücken, half mir aufzustehen und zur Toilette zu gehen, da ich die Bettpfanne nicht benutzen konnte, und half mir dann in einen Stuhl. Sie machte mir eine Tasse Tee und etwas Fruchtsaft, denn ich hatte brennenden Durst. Die Schmerzen waren ein gutes Stück weit abgeklungen.

Ich konnte weder meinen rechten Arm noch meine Schulter bewegen. Sie waren fühllos, und meine Brust war mit einem breiten Kompressionsverband umwickelt, unter dem sich auf der linken Seite der Hügel meiner linken Brust abhob, während auf der rechten Seite die Enden weißer Mullbinden herausguckten. Aus dem Kompressionsverband kamen rechts zwei Plastikröhrchen für die Wundentsorgung, die in eine ziehharmonikaförmige »Redon«-Flasche hinunterführten. Ich lebte noch, und es war ein wunderschöner Morgen. Ich trank langsam meinen Tee und ging wieder ins Bett. Ungefähr um halb acht erwachte ich mit dem Duft von

Frances in der Nase, die draußen vor meiner Tür stehen mußte. Ich konnte sie nicht sehen, weil die Seiten meines Bettes noch nicht heruntergelassen waren, aber ich richtete mich auf, so gut es mit meinem Arm ging, und lugte um die Ecke – und da war sie, die Frau, die ich brauchte und sehnlichst zu sehen wünschte, und unser Lächeln traf sich und tanzte um das Zimmer und hinaus auf den Korridor, wo es die ganze 3. Etage wärmte.

Am nächsten Tag strahlende Sonne, die auch die folgenden zehn Tage ununterbrochen schien. Die Herbst-Tagundnachtgleiche kam, die Mitte – die Sonne im gleichen Abstand und von nun an abnehmend. Es war ein selten schöner, ganz wunderbar blauer New York City-Herbst.

Dieser erste Tag nach der Operation verlief in unglaublicher Hochstimmung. Im nachhinein erscheint es mir als die Euphorie des zweiten Tags. Die Schmerzen waren minimal. Ich lebte. Die Sonne schien. Ich weiß noch, daß ich mich etwas tumb, aber ziemlich erleichtert fühlte, daß nun alles vorbei war – oder so dachte ich zumindest. Ich steckte mir eine Blume ins Haar und dachte: »Es ist halb so schlimm, wie ich befürchtet habe!«

In den ersten zwei Tagen nach der Operation feierte ich mit schönen, geliebten Frauen das Erntefest und schlief. Ich erinnere mich, daß die Kinder zu Besuch kamen und Beth Witze riß, aber wie ihre beiden Gesichter vor Erleichterung strahlten, mich in so guter Verfassung zu sehen. Es kam mir vor, als hätte ich den Kopf voll grauem Rauch und würde mich vor irgendetwas drücken, aber ich wußte nicht, wovor. Einmal steckte ich mir eine Blume ins Haar und wanderte durch die Flure auf der Suche nach Frances, die mit Michelle und Adrienne ins Wartezimmer gegangen war, um mir etwas Ruhe zu lassen.

Von Zeit zu Zeit legte ich meine Hand auf den flachen Bandagenberg auf meiner rechten Seite, sagte zu mir selbst: Meine rechte Brust ist weg! – und vergoß ein paar Tränen, wenn ich allein war. Aber ich hatte noch keinen wirklichen emotionalen Kontakt mit der Realität des Verlusts; es war, als hätte man mich auch emotional narkotisiert oder als wären die einzig für mich erreichbaren Gefühle körperlicher Art, aber die Wunde war nicht nur unter Verbänden verborgen, sondern schmerzte auch erst wenig. Wenn ich mich im Spiegel ansah, fiel der Unterschied durch die dicke Verbandschicht nicht einmal sehr auf.

Und meine Freundinnen, die mich mit Liebe und Anteilnahme, Lob und Erleichterung überschütteten, gaben mir so viel Kraft, daß ich tatsächlich das Gefühl hatte, ich hätte alles hinter mir – den Tod, die Schmerzen, selbst den Verlust, und hätte aus irgendeinem unbekannten Grund unglaubliches Glück gehabt. Ich war von absoluter Gewißheit erfüllt, daß alles gut gehen würde – in genau diesen vagen Ausdrücken. Aber von da an ging es bergab.

Am Morgen des dritten Tages kehrten die Schmerzen in vollem Umfang und in allen Schattierungen heim. Nicht daß ein einzelner, bestimmter Schmerz überwältigend gewesen wäre, sondern es war ihr gemeinsames Konzert oder auch nur ihr Zusammenspiel in kleinen Ensembles, was so quälend war. Es gab durchgehende und zeitweise Schmerzen. Es gab kurze scharfe und lange dumpfe sowie diverse Kombinationen von beiden. Die Muskeln in meinem Rücken und in der rechten Schulter fingen an zu schreien, als wären sie auseinandergerissen und müßten nun langsam und gegen ihren Willen ins Leben zurückkehren. Die Wände meines Brustkorbs begannen abwechselnd zu schmerzen, zu brennen und zu stechen. Meine nicht mehr vorhandene Brust tat weh, als steckte sie in einem Schraubstock. Vielleicht war das der schlimmste Schmerz von allen, denn er ging jedesmal mit der vollen Ladung des Entsetzens einher, daß ich von nun an mein Leben lang an den Verlust erinnert würde, weil mir ein Körperteil wehtat, der gar nicht mehr existierte. Ich schien auf einmal schwächer statt stärker zu werden. Die Euphorie und die betäubende Wirkung der Narkose schwanden.

Mein Kopf fühlte sich an wie grauer Brei – ich hatte in den letzten zwei Tagen nicht viel zu denken gebraucht. Gerade als ich die wahre Qualität dieser Bergbesteigung zu spüren begann, die vor mir lag – die Wiederanpassung an einen neuen Körper, eine neue Zeitspanne, einen möglicherweise frühen Tod – schlug der Schmerz zu. Er verschlimmerte sich ständig, und ich wurde immer wütender, daß niemand je etwas über die körperlichen Schmerzen hatte verlauten lassen. Ich hatte angenommen, die emotionalen und psychischen Schmerzen würden am schlimmsten sein, aber es war der körperliche Schmerz, der mich erledigte – so schrieb ich jedenfalls damals.

Während ich allmählich aus dem physischen und emotionalen Schock kam, kehrte gleichzeitig das Gefühl in den Wundbereich zurück. Meine Stimmen, diese einzelnen Facetten meiner selbst, die mich durch die Zeit zwischen den Operationen geleitet hatten, kehrten wieder an ihre gemeinsamen, ruhigeren Plätze zurück, und eine zunehmend bewußte Seite meiner selbst kämpfte um ihr Auftauchen, wobei ihr ganz und gar nicht gefiel, was sie dabei fand/fühlte. In gewisser Weise bedeutete der körperliche Schmerz daher Macht, denn er hielt den bewußten Teil meiner selbst vor dem vollen Geschmack meiner Angst und meines Verlusts zurück und verzehrte mich oder vielmehr erschöpfte mich während der nächsten zwei Wochen. Dieser Zeitabschnitt von zwei Wochen erscheint mir jetzt wie eine Ewigkeit, da ich so viele verschiedene Stadien durchlief. Eigentlich ging meine psychische und physische Genesung ziemlich schnell voran.

Ich weiß nicht warum. Ich weiß aber, daß eine Riesenmenge Liebe und Beistand von Seiten der Frauen in meiner Umgebung auf mich einströmte. Es fühlte sich an, als badete ich in einer ständigen Flut positiver Energien, auch wenn ich mir manchmal als Ergänzung für die Schmerzen in meinem Innern ein bißchen negative Stille gewünscht hätte. Aber Unterstützung, Beistand wird für mich immer ein bestimmtes, lebhaft erotisches Bild/Bedeutungsmuster haben. Eins dieser Bilder ist das sich Treibenlassen auf einem Meer, von Frauen umringt wie von warmen Blasen, die mich tragen und an der Wasseroberfläche halten. Ich kann die Stofflichkeit einladenden Wassers gleich hinter ihren Augen spüren und habe keine Angst davor. Der süße Geruch ihres Atems, Lachens und ihrer Stimmen, die mich beim Namen rufen, gibt mir Willenskraft und hilft mir, mich daran zu erinnern, daß ich nicht hinuntersehen will. Diese Bilder ziehen in rascher Folge vorbei – faßbare Wellen von Energie, die von diesen Frauen zu mir brandeten und die ich in Macht verwandelt habe, um mich selbst zu heilen.

Wir sind gegenwärtig von soviel falscher Spiritualität umgeben, die sich Anbetung der Göttin nennt oder »der Weg«. Sie ist falsch, weil billig gekauft und wenig verstanden, vor allem aber, weil sie uns die Energie, die wir für unsere Arbeit brauchen, aussaugt, statt sie uns zu geben. Wenn sich daher ein konkretes Beispiel – wie dieses – von der Heilkraft der Liebe ereignet, ist es schwer, dieselben Wörter dafür zu benutzen, denn viele unserer besten und erotischsten Wörter finden sich auf ein so billiges Niveau heruntergezogen.

Vielleicht kann ich dies alles einfacher sagen: Ich sage, die Liebe von Frauen hat mich geheilt.

Es waren nicht nur die Frauen, die mir am nächsten sind, obwohl sie das Rückgrat bildeten. Da war Frances. Dann die Frauen, die ich leidenschaftlich liebe, und meine anderen Freundinnen und meine Bekannten und schließlich sogar Frauen, die ich gar nicht kannte.

Zusätzlich zu der Frauenenergie um mich herum hat es mit Sicherheit eine energetische Antwort in mir selbst gegeben, die es mir erlaubt hat, mich in diesen Machtstrom einzuschalten. Die ersten grundsätzlichen Lektionen des Überlebens können wir nie wieder ganz vergessen, wenn wir weiter überleben. Ohne die vielen Frauen in meinem Leben wäre ich längst tot. Dabei waren Frauen darunter, die ich nicht einmal mochte (eine Nonne, die Leiterin meiner Oberschule, eine Chefin)!

Zu anderen Zeiten meines Lebens hatte ich mich aus ganz anderen Gründen völlig nackt und ausgeliefert gefühlt und trotzdem überlebt – soviel einsamer als jetzt. Ich wußte, wenn ich leben würde, würde ich gut leben. Ich wußte, wenn der Lebensfunken weiterglimmen würde, würde auch Öl da sein; wenn ich es mir überhaupt wünschen könnte zu leben, würde ich immer auch einen Weg finden, einen für mich optimalen Weg. Je länger ich lebe, umso mehr Beispiele habe ich dafür, aber im wesentlichen ist es immer noch dieselbe Wahrheit – die Wahrheit, die ich in jenem Sommer erfuhr, als meine Freundin Genevieve gestorben war. Wir waren 16 Jahre alt.

Die Vielfalt der Interaktionen zwischen der Liebe innerhalb und außerhalb der eigenen Person zu beschreiben, ist eine Lebensaufgabe.

Als Dickes Schwarzes Weibliches Wesen und fast blind in amerika aufzuwachsen, erfordert soviel Überlebenswillen, daß du entweder daraus lernst oder daran zugrunde gehst. Ruhe in Frieden, Gennie. Ich trage eine Liste mit Namen von Frauen, die nicht überlebt haben, in mein Herz tätowiert, und da ist immer noch Platz für einen weiteren Namen – meinen eigenen. Damit ich mich daran erinnere, daß auch Überleben nur ein Teil der Aufgabe ist. Der andere Teil ist Lehren. Ich hatte bereits ein langes Training hinter mir.

Nachdem ich am fünften Tag nach der Operation nach Hause durfte, war der Rest dieser zwei Wochen von körperlichen Schmerzen und Träumen erfüllt. Ich verbrachte die Tage damit, daß ich hauptsächlich las, von Zimmer zu Zimmer wanderte oder leere Wände anstarrte oder draußen in der Sonne lag und die Innenseite meiner Lider anstarrte. Und mich, als ich es endlich wieder konnte, liebte.

Später, als die physischen Schmerzen abklangen, gab es Raum für die anderen. Aber meiner Erfahrung nach stimmt es nicht, daß wir erst weinen. Erst tut es weh, und dann weinen wir.

Für mich gab es ein wichtiges Zeitintervall zwischen dem tatsächlichen Ereignis und meinem ersten emotionalen Begreifen, was Krebs haben und eine Brust verlieren für mein Leben hieß und heißen würde. Mein psychisches Selbst schuf einen kleinen gnädigen Raum für die körperliche Zellheilung und die verheerenden Folgen der Narkose auf das Gehirn. Während dieser ganzen Zeit hatte ich das Gefühl, daß ich nicht klar denken konnte und daß etwas mit meinem Kopf nicht stimmte, aber ich konnte mich nicht daran erinnern. Dies war zum Teil der Schock, aber zum Teil auch die Narkose und ebenso die Bemerkungen, die ich vermutlich im Operationssaal aufgenommen hatte, als ich betäubt und verletzlich und nur zum Aufnehmen, nicht aber zum Reagieren fähig war. Aber eine Freundin von mir erzählte mir vor kurzem, sie habe noch sechs Monate nach dem Tod ihrer Mutter das Gefühl gehabt, nicht denken und nichts behalten zu können, und ich war erstaunt über die Ähnlichkeit dieses Gefühls.

Mein Körper und mein Kopf mußten das Recht erlangen, ihrer eigenen Richtung zu folgen. Im Krankenhaus hatte ich die regelmäßig angebotenen Schlaftabletten nicht gebraucht. Meine Hauptsorge galt vom dritten Tag an ungefähr weitere zehn Tage lang den wachsenden körperlichen Schmerzen. Dies ist eine entscheidend wichtige Tatsache, denn gerade in dieser Periode des noch fast Benommenseins und einer fast kindlichen Offenheit für jeden Gedanken (ich konnte ständig über nahezu alles, was nicht mich selbst betraf, in Tränen ausbrechen) setzen die Konditionierungen und Hilfswerke für brustamputierte Frauen ein, die uns nahelegen, die Realität unserer Körper zu leugnen, die uns doch gerade so handgreiflich verdeutlicht wurde. Und diese alten stereotypen Verhaltensmuster drängen uns dazu, uns von dem Abenteuer und der Erforschung unserer eigenen Erfahrungen – so schwierig und schmerzlich sie auch sein mögen – abzuwenden.

An meinem zweiten Krankenhaustag weinte ich gerade, als eine Schwester hereinschaute, und daraufhin schickte sie mir eine Frau vom anderen Ende des Flurs herüber, der eine Woche vorher die Brust abgenommen worden war und die im Begriff stand, nach Haus zu gehen. Die Frau vom anderen Ende des Flurs war ein kleiner energischer Rotschopf in einem rosa Morgenrock mit einer Blume im Haar. (Ich habe eine nachhaltige, unerklärliche Schwäche für Frauen mit Blumen im Haar.) Sie war etwa so alt wie ich und hatte erwachsene Kinder, die sie, wie sie sagte, gern wieder zu Hause haben wollten. Ich wußte sofort, es mußten Söhne sein. Sie tätschelte meine Hand und zeigte auf unsere Verbände.

»Machen Sie sich nichts draus,« sagte sie, »sie waren sowieso nicht viel nütze!« Aber dann riß sie ihren Morgenrock auf, streckte mir ihre fast knochige Brust in einem buntbedruckten Schlafanzugoberteil entgegen und sagte: »Na, wo steckt der Joker?« Ich mußte wider Willen lachen – wegen ihrer Energie und weil sie extra den ganzen Weg über den Flur gekommen war, um meine Stimmung aufzubessern.

Am nächsten Tag, als ich immer noch nicht allzu viel nachdachte, außer darüber, warum ich jetzt wohl mehr Schmerzen hatte und wann ich wohl realistischerweise damit rechnen konnte, nach Hause zu dürfen, schaute eine freundlich wirkende Frau von »Griff nach der Genesung« (»Reach for Recovery«) herein und brachte »frohe Botschaft« und ein kleines fertiges Päckchen mit einem weichen Schlaf-BH und einem Bausch Lammwolle, der in eine brustförmige blaßrosa Einlage gestopft worden war. Sie war 56 Jahre alt, erklärte sie mir stolz. Auch sie war eine Frau von bewundernswerter Energie, die jene Strukturen dieser Gesellschaft unmißverständlich hochhielt und auf den Tod verteidigte, die ihr eine kleine Nische beschert hatten, in der sie glänzen konnte. Ihre Botschaft lautete: Sie sind noch genauso viel wert wie vorher, weil Sie noch genauso gut aussehen können!

Jetzt erst einmal Lammwolle, dann so bald wie möglich eine gute Prothese – und niemand wird den Unterschied jemals bemerken. Aber was sie sagte, war: »Sie selbst werden den Unterschied gar nicht bemerken«, und da verlor sie mich prompt, denn ich wußte verdammt gut, daß *ich* den Unterschied bemerken würde.

»Sehen Sie mich an«, sagte sie, öffnete ihr schmuckes blaßblaues Jackett und stand in einem engen blauen Pullover vor mir. Ein goldgehämmertes Medaillon von nicht gerade bescheidenen Ausmaßen schmiegte sich zwischen ihre beiden beachtlichen Brüste. »Also, können Sie sagen, welche es ist?« Ich gab zu, ich konnte es nicht. In ihrem engen Mieder mit steifem, hebendem Effekt sahen ihre beiden Brüste gleich unwirklich aus. Aber ich bin schon immer eine Kennerin von Frauenbrüsten gewesen und konnte mich noch nie so recht für steife Balkons begeistern. Ich sah weg und dachte: »Ob es wohl Schwarze lesbische Feministinnen in 'Griff nach der Genesung' gibt?«

Ich sehnte mich schmerzlich danach, mit anderen Frauen über die Erfahrung zu sprechen, die ich gerade hinter mir hatte, und über das, was vielleicht noch auf mich zukommen könnte, und wie sie damit umgingen und damit fertigwurden. Aber ich brauchte Gespräche mit Frauen, die wenigstens einige meiner wesentlichen Interessen, Überzeugungen und Visionen teilten und die wenigstens teilweise meine Sprache sprachen. Und diese Dame, mochte sie noch so bewundernswert sein, tat das nicht.

»Und Ihr Liebesleben wird dadurch auch nicht wirklich beeinträchtigt, meine Liebe. Sind Sie verheiratet?«

»Nicht mehr«, sagte ich. Ich hatte nicht die Unverfrorenheit oder Lust oder vielleicht den Mut zu sagen: »Ich liebe Frauen.«

»Nun, da machen Sie sich mal keine Sorgen! In den sechs Jahren seit meiner Operation habe ich meinen zweiten Mann geheiratet und begraben – Gott segne ihn –, und jetzt habe ich einen wunderbaren Freund. Es gibt nichts, was ich vorher gemacht habe und jetzt nicht auch noch machen würde! Ich sorge einfach dafür, daß ich immer eine Extraeinlage bei mir habe, für alle Fälle, und ansonsten bin ich wie jede andere Frau auch! Die aus Silikon sind die besten, und ich kann Ihnen auch die Namen der besseren Etablissements geben.«

Ich dachte: »Wie ist es wohl, eine Frau zu lieben und sie nur mit einer Brust zu berühren?«

Ich dachte: »Wie werden wir je wieder so vollkommen zusammenpassen?«

Ich dachte: »Ob unsere Art, uns zu lieben, irgendetwas damit zu tun hat?«

Ich dachte: »Wie wird es wohl sein, mich zu lieben? Wird sie meinen Körper immer noch köstlich finden?«

Und zum ersten Mal schlug eine plötzliche tiefe Welle der Trauer über mir zusammen und füllte meinen Mund und meine Augen fast zum Ertrinken. Meine rechte Brust bedeutete ein solches Feld des Fühlens und der Lust für mich – wie könnte ich es ertragen, dies nie mehr zu fühlen?

Die Dame von »Griff nach der Genesung« gab mir ein Buch mit Übungen, die sehr, sehr hilfreich waren, und zeigte mir, wie ich sie ausführen sollte. Als sie meinen Arm hochhielt, um mir zu helfen, war ihr Griff fest und freundlich und ihr Haar duftete ein wenig nach Sonne. Wie schade, dachte ich, daß eine Frau mit solcher Courage nicht lesbisch ist – aber sie hatten sie zu früh zu fassen gekriegt, und ihr graues Haar war blondgefärbt und gewaltig toupiert.

Nachdem sie sich mit der Versicherung verabschiedet hatte, »Griff nach der Genesung« sei jederzeit für mich da, untersuchte ich das Päckchen, das sie mir dagelassen hatte.

Der BH war wie meiner, ein weicher, vorn schließbarer Schlaf-BH. Inzwischen war mir der Kompressionsverband abgenommen worden, und ein einfacher Wundverband war über den Schnitt und das eine noch verbliebene Wunddrainageröhrchen geklebt. Meine linke Brust fühlte sich noch etwas wund an von der Biopsie, und deshalb trug ich einen

BH. Das Lammwollpolster war das seltsamste Stück in der Sammlung. Ich untersuchte es in seiner hellrosa Nylonhülle mit einer feineren dunkleren Spitze, das Ganze in Form einer riesigen Jakobsmuschel. Ich schüttelte mich vor seiner grotesken Trockenheit. (Welche Größe tragen Sie, hatte sie gefragt. 95 C, sagte ich. Wir lassen Ihnen also einen 100 D da, sagte sie.)

Ich ging um mein Bett, stellte mich vor den Spiegel meines Zimmers und stopfte das Ding in die eingesunkenen Falten der rechten Seite meines BHs, wo eigentlich meine Brust hätte sein sollen. Es thronte schief auf meinem Brustkorb, seltsam unbeweglich und leblos, und hatte mit keinem mir vorstellbaren Teil meiner Person irgendetwas zu tun. Außerdem war es die falsche Farbe und schien grotesk bleich durch den Stoff meines BHs durch. Irgendwo hatte ich bis zu diesem Augenblick gedacht, nun ja, vielleicht wissen sie etwas, was ich nicht weiß, und vielleicht haben sie ja Recht,und ich fühle mich tatsächlich völlig anders damit. Keine Spur! Ich zog das Ding wieder aus meinem BH, und mein dünnes Pyjamaoberteil legte sich wieder flach an meine ebene rechte Seite an.

Ich betrachtete die weite sanfte Kurve meiner linken Brust unter dem Pyjamaoberteil, eine Kurve, die jetzt, wo sie allein stand, noch weiter wirkte. Ich erschien mir selbst als fremd, uneben und eigenartig, aber irgendwie soviel mehr als ich selbst und daher soviel annehmbarer als mit diesem Ding ausgestopft. Denn selbst die geschickteste Prothese auf der Welt konnte diese Realität nicht ungeschehen machen oder sich anfühlen, wie sich meine Brust angefühlt hatte — und entweder würde ich jetzt meinen Körper einbrüstig lieben oder aber für immer mir selbst entfremdet bleiben.

Dann kletterte ich wieder ins Bett zurück und weinte mich in den Schlaf, obwohl es halb drei Uhr nachmittags war.

Am vierten Tag wurde mir das andere Wunddrainageröhrchen abgenommen. Ich erfuhr, daß meine Lymphknoten kein Zeichen von Krebswachstum zeigten, und mein Arzt sagte, da ich so schnell heilte, dürfte ich am nächsten Tag nach Hause. Ich sah auf das Operationsfeld hinunter, als er den Verband wechselte, in der Erwartung, daß es aussehen würde wie das verwüstete, zerwühlte Schlachtfeld eines großen, katastrophalen Kriegs. Aber alles, was ich sah, war meine vertraute weiche braune Haut, etwas empfindlich und geschwollen, und eine feine Naht, die mit schwarzen Stichen und zwei Metallklammern zusammengehalten wurde, lief von der Mitte meines Brustkorbs bis in die Achselhöhle hinauf. Die Haut sah glatt und zart und unzerstört aus, und die Oberfläche der ganzen Stelle war völlig taub. Insgesamt war es ziemlich unauffällig, außer daß die Schwellung fehlte, die ich in den 44 Jahren meines Lebens so liebgewonnen hatte – und an ihrer Stelle war da diese seltsame flache Ebene, über die hinweg ich nun zum ersten Mal, seit ich denken kann, die ungewohnte Wölbung meines Brustkorbs sehen konnte, der viel breiter war, als ich gedacht hatte, weil er bisher immer unter meinen vollen Brüsten verborgen gewesen war. Als ich nun rechts an mir hinuntersah, konnte ich über diese neue, veränderte Landschaft hinweg die seitliche Kurve meines Bauchs sehen.

Ich dachte: »Wie lange mag es gebraucht haben, bis den Amazonenmädchen von Dahomey ihre veränderte Landschaft selbstverständlich war?«

An dem Tag weinte ich ein paarmal, meist, dachte ich, über Belanglosigkeiten. Einmal weinte ich einfach, weil ich Schmerzen tief innen in der Brust hatte und nicht schlafen konnte; einmal, weil es sich anfühlte, als träte jemand mit Nagelstiefeln auf meine nicht vorhandene Brust.

Ich wollte Tagebuch schreiben, aber konnte mich nicht dazu bringen. Was in diesen Tagen in mir ablief, hatte so viele Schattierungen. Und ich schrak vor der Festlegung meiner selbst auf dem Papier zurück, weil das Licht immer schon wechselte, bevor noch das Wort heraus war; die Tinte war trocken.

Als ich die Bänder aus diesen letzten Tagen im Krankenhaus abhörte, fand ich nur die Stimme einer stark geschwächten Frau, die mit größter Mühe und fast unhörbar sagte:

25. September, der vierte Tag. Die Dinge werden mit einer Geschwindigkeit klar und wieder verschwommen, als würde ein vorbeirasendes Licht aufblitzen; die Tage sind so schön jetzt, so goldbraun und blau; ich wäre so gern draußen im Licht; ich wäre so gern glücklich, daß ich noch lebe; ich würde mich so gern über all die Dinge freuen, über die ich mich freuen müßte. Aber jetzt tut es mir weh. Jetzt tut es mir weh. Die Dinge jagen sich vor meinem inneren Auge, und da sind Tränen, die ich nicht weinen kann, und Wörter wie Krebs, Schmerz und Sterben.

Später. Ich möchte nicht, daß dieser Bericht nur von Leiden spricht. Ich möchte nicht, daß dieser Bericht nur von Tränen spricht. Ich möchte, daß er etwas wird, was ich jetzt oder später benutzen kann, etwas, woran ich mich erinnern kann, etwas, das ich weitergeben kann, etwas, bei dem ich sicher sein kann, daß es aus der Art von Kraft kommt, die ich habe und die durch nichts, nichts auf der Welt sehr lange erschüttert werden kann und der nichts anderes gleichkommt.

Meine Arbeit besteht darin, das Schweigen zu bewohnen, mit dem ich bisher gelebt habe, und es mit mir selbst zu füllen, bis es wie hellster Tag und wie der lauteste Donner klingt. Und dann wird kein Raum mehr in mir sein für das, was war, außer als Erinnerung an eine Süße, die die Qualität all dessen steigert, was sein kann und muß.

Ich wollte unbedingt nach Hause. Aber ich fand auch – und konnte es zu dem Zeitpunkt nicht zugeben – , daß diese besänftigende Weiße des Krankenhauses, über die ich mich aufgeregt und die ich gehaßt hatte, auch eine Art Schutz war, eine willkommene Isolierung, die es mir erlaubte, noch eine Weile nichts zu fühlen. Es war eine von jeglicher Erotik unberührte Umgebung, die es mir mit ihren undifferenzierten, anspruchslosen, kindlich machenden Wänden erlaubte, noch eine Weile emotional abwesend zu sein – psychischer Brei – , ohne daß ich selbst oder irgend jemand sonst etwas anderes von mir verlangt hätte.

Nach Hause zu kommen zu den Menschen und Plätzen, die ich am meisten liebte, wäre mir zwar willkommen gewesen,und ich sehnte mich sehr danach, aber es wäre gleichzeitig auch unerträglich gewesen, so als könnte dort jeden Moment ein unleidlicher Anspruch an mich gestellt werden, den ich erfüllen müßte. Und er würde von Menschen gestellt, die ich liebte und auf die ich eingehen müßte. Nun würde ich anfangen müssen, zu fühlen und mich zu stellen – nicht nur den Folgen der Amputation, den körperlichen Auswirkungen der Operation, sondern auch der Begutachtung und Aneignung der Ansprüche und Veränderungen in mir und meinem Leben. Es würde, wenn schon nicht meinen ganzen Arbeitszeitplan, so doch zumindest im einzelnen die Erreichbarkeit dessen verändern, worauf ich mich einlassen und was ich gern schaffen würde.

Zum Beispiel würde ich mir von dem Moment an andere Fragen über die Zeit stellen müssen. Nicht mehr, wie lange ich am Fenster stehe und die Morgendämmerung über Brooklyn heraufziehen sehe, sondern, wieviel mehr neuen Menschen ich so bereitwillig Einlaß in mein Leben gewähren will. Ich würde den Konsequenzen dieser Frage nachgehen müssen. Das hieße, die Tiefen und Möglichkeiten meiner Beziehungen zu denjenigen Menschen auszuloten, die bereits in meinem Leben waren, und sie weiter zu vertiefen und zu erforschen.

Das Bedürfnis, dem Tod ins Auge zu sehen, ohne vor ihm zurückzuschrecken oder mich ihm allzu bereitwillig in die Arme zu werfen, war eine entwicklungsfördernde und heilsame Aufgabe für mich, und parallel dazu liefen ständig die praktischeren und unmittelbareren Bedürfnisse aus übermäßigen Schmerzen und der Frage nach meinem Selbstgefühl als einbrüstige Frau. Welche Haltung nehme ich – buchstäblich – mit meinem körperlichen Ich ein?

Ganz besonderes Bedürfnis oder vielmehr regelrechte Sehnsucht empfand ich nach meiner Familie – der Familie, die aus unseren Freundinnen bestand und die trotz all ihrer Probleme und ihrer Veränderlichkeit doch *meine* Familie war: Blanche und Clare und Michelle und Adrienne und Yolanda und Yvonne und Bernice und Deanna und Barbara und Beverly und Millie, und dann noch die Kusinen und auf jeden Fall Demita und Sharon und die anderen, selbst Linda und Bonnie und Cessie und Cheryl und Toi mit ihrer Anmut und Diane und sogar meine Schwester Helen. Während dieser ganzen Zeit erschienen mir selbst die kompliziertesten Verwicklungen unter den Mitgliedern unserer Familie (viele davon hatten nichts direkt mit mir zu tun) – all die Verwicklungen, Übertreibungen, Mißverständnisse und Dickköpfigkeiten als das eigentliche Geschäft des Lebens, und damit gaben sie mir, auch wenn sie noch so ärgerlich und ermüdend waren, eine entscheidende Stütze für meine Lebenskraft. Die einzige Antwort auf den Tod ist die Hitze und Wirrnis des Lebens; die einzig verläßliche Wärme ist die Wärme des Bluts. Selbst jetzt, in genau diesem Moment, spüre ich meinen eigenen Puls.

In dieser kritischen Periode wurde die Antwort durch die Frauen meiner Familie verstärkt. Sie waren die Makro-Glieder im Lebenstanz und suchten einen Antwortrhythmus in meinen Sehnen, meinen Nerven, selbst meinen Knochen, die – im Geist meiner rechten Brust – die Mikro-Glieder von innen her waren. Es gab einen Antwortrhythmus im Geist der Träume, von denen ich zugunsten jener anderen

Träume, würde lassen müssen, bei denen eine gewisse Chance der Verwirklichung bestand. Die ausgeschiedenen hatten ohnehin schon lange ungenutzt und platzraubend dagelegen, und ich hätte sie auf jeden Fall lüften und neu überprüfen müssen.

Ich werde zum Beispiel nie Ärztin sein. Ich werde nie Tiefseetaucherin sein. Ich kann möglicherweise meinen Doktor in Ethymologie machen, aber ich werde kein weiteres Kind bekommen. Ich werde nie Balett tanzen lernen oder eine große Schauspielerin werden, hingegen könnte ich vielleicht radfahren lernen oder auf den Mond fliegen. Aber weder werde ich jemals Millionärin sein, noch meine Lebensversicherung erhöhen. Was ich bin, hat die Welt – und ich selbst – noch nie gesehen.

Castaneda spricht davon, mit dem Tod als Wegweiser zu leben – mit diesem scharfen Bewußtsein, das aus der vollen Möglichkeit jeder sich bietenden Gelegenheit und jedes Augenblicks entsteht. Für mich bedeutet das nicht, zum Sterben bereit zu sein, sondern die Fähigkeit, mich auf der Stelle bereit zu machen und bei allem, was ich möchte, immer auch zu sehen, was ich habe. Ich lerne, meine Meinung zu sagen, der lebendigen Welt meine Überzeugungen dessen einzugeben, was ich für nötig und wichtig halte, ohne Interesse (der entnervenden Art) daran, ob es verstanden und toleriert wird, ob es richtig und neu ist – oder nicht. Natürlich ist es immer am unangenehmsten, etwas Falsches zu sagen, aber selbst das macht mir jetzt weniger aus. Die Welt wird nicht plötzlich stillstehen, weil ich einen Fehler mache!

Und für all das wünschte ich manchmal, ich hätte immer noch den Glauben an den Mythos, hundert Jahre in dieser Form zur Verfügung zu haben, und dieser Hunger nach meiner Schwester wäre gestillt.

Frauen, die die Sprache meiner Zunge sprechen,
sind Geliebte; die Frau, die mein Drängen nicht
pariert und ihm dennoch gewachsen ist; die hö-
ren will; die Frau, die ich in den Armen halte,
die Frau, deren Umarmung mich hält und ganz-
macht ...
Ich habe herausgefunden, daß Menschen, die
etwas brauchen, aber es nicht wollen, weit
schwieriger anzugehen sind als Menschen, die
etwas wollen, ohne es zu brauchen, weil letztere
zwar nehmen, aber manchmal auch etwas zu-
rückgeben, während erstere immer alles nur in
sich hineinsaugen — und dabei konstant wegse-
hen oder dagegen ankämpfen und trotzdem
nehmen. Und das ist eine Vergeudung unserer
Substanz, da wir beide unsere Energien nicht
an-erkennen, und Vergeudung ist das Schlimm-
ste von allem. Ich weiß es, weil ich beides selbst
getan habe.

Es war schwierig, als ich aus dem Krankenhaus kam, mich nicht als Paria zu fühlen. Einige Leute mieden mich aufgrund eigener Schmerzen oder Angst, und andere schienen zu erwarten, daß ich auf einmal anders sei, als ich immer gewesen war – ich selbst und nicht eine Heilige oder Buddha. Schmerz macht uns meiner Erfahrung nach nicht sanfter und auch nicht edler. Es war schwer, mich nicht als Paria zu fühlen oder manchmal als zu verletzlich, um zu existieren. Einige Frauen waren wie die Hilfsschwester im Krankenhaus, die so nett mit mir geflirtet hatte, bis sie erfuhr, daß meine Biopsie positiv war. Von da an war es, als sei ich unter die Unberührbaren gegangen; sie näherte sich mir nur unter Wahrung striktester vorschriftsmäßiger Distanz.

Der Status der Unberührbarkeit ist äußerst unwirklich und einsam, auch wenn er einer Frau alle Leute vom Leib hält und sie ebenso beschützt, wie er sie isoliert. Aber wir können an diesem Besonderssein, an dieser Kälte und Isolation zugrunde gehen. Es ist unserem Leben nicht dienlich. Ich sehnte mich sehr bald nach der Wärme heftiger Auseinandersetzungen, und nach meinem alten »Punch« dabei, auch wenn mir die geringste Berührung inzwischen unerträglich bedrohlich schien.

Der gesellschaftliche Druck auf Frauen, eine Prothese zu tragen, soll vermeiden helfen, daß sie ihr Einverständnis mit ihrem eigenen Schmerz und Verlust – und folglich auch mit ihrer eigenen Stärke – finden. Ich war schon fertig angezogen, um nach Hause zu gehen, als die Oberschwester in mein Zimmer kam, um mir auf Wiedersehen zu sagen. »Warum trägt sie keine Einlage?« fragte sie Frances, die inzwischen allgemein als meine Partnerin anerkannt war.

»Sie möchte keine tragen«, erklärte Frances.

»Ach, Sie sind nur nicht hartnäckig genug«, antwortete die Oberschwester und wandte sich mit einem Was-soll-der-Unsinn-Blick zu mir um. Ich war einfach zu müde. Es war die Anstrengung nicht wert, ihr Widerstand zu leisten. Ich wußte, ich würde keinen Deut besser aussehen.

Zu Hause weinte und weinte ich, endlich. Und liebte mich selbst, endlos und immer wieder, bis der Hunger gestillt war.

Wo waren die Lesbierinnen, die ebenfalls eine Brustamputation hinter sich hatten? Ich wollte mit einer lesbischen Frau reden, mich mit ihr hinsetzen und von einer gemeinsamen Sprache ausgehen, auch wenn diese Sprache noch so viele Unterschiede aufwiese. Ich wollte sozusagen Lesbierinneneinsichten austauschen. Der Ruf drang nach draußen. Sonny und Karyn kamen an dem Abend zu uns, und wir vier teilten unsere Ängste und unsere Geschichte quer über alle Unterschiede von Alter, Hautfarbe, Schauplätzen usw. hinweg, und ich werde Sonny und Karyn immer dafür dankbar sein.

»Übernimm dich nicht,« sagte Sonny. »Denk daran, daß du noch nicht wirklich so stark bist, wie du dich jetzt fühlst.« Mir war klar, was sie meinte, denn ich wußte, wie leicht es mich jedesmal umwarf, wenn ich meiner eigenen Propaganda zu glauben und irgendetwas zu übertreiben begann.

Aber sie ließ mich auch wissen, daß sie drei Wochen nach ihrer Operation an einer Schulungskonferenz teilgenommen hatte und jetzt glaubte, es sei wohl ein Fehler gewesen. Aber ich wußte, warum sie es getan hatte, und sie selbst wußte es auch, und wir kamen stillschweigend überein, daß sie es vermutlich das nächste Mal genauso machen würde. Es war der Drang, das Bedürfnis, wieder zu arbeiten, zu fühlen, wie die Verbindung mit diesem Teil unserer selbst wie eine Welle zu wachsen beginnt. Zu etwas nütze zu sein, selbst rein symbolisch, ist eine Notwendigkeit für jegliche neue Sicht unserer selbst – daran mußte ich drei Wochen später denken, als ich genau wußte, ich wollte unbedingt in Houston einen Vortrag halten, obwohl ich mich noch schwach und den Anforderungen nicht gewachsen fühlte.

Ich werde auch Little Sister (»Kleine Schwester«) immer dankbar sein. Mein Schwager Henry, der in Seattle lebt und den ich sieben Jahre nicht gesehen hatte, hatte gerade in Virginia zu tun und war nach New York gekommen, um meine Mutter zu besuchen. Auf dem Weg dorthin hatte er in seiner Heimatstadt Philadelphia seine jüngste Schwester abgeholt, die Little Sister oder vielmehr Li'l Sister hieß.

Li'l Sister war in jüngeren Jahren eine ziemliche Rebellin gewesen, aber nun war sie eine gesetzte, matronenhafte Schwarze Lady aus Philadelphia mit einem studierenden Sohn und randloser Brille. Ich war ihr nie zuvor begegnet, aber sie kannte meine Mutter recht gut. Als Henry und Li'l Sister in New York ankamen, erzählte ihnen meine Mutter, daß ich eine Brustamputation hinter mir hätte und gerade aus dem Krankenhaus gekommen sei, und so beschlossen die beiden, auf dem Rückweg nach Philadelphia, das nur anderthalb Stunden südlich von Staten Island liegt, bei mir vorbeizuschauen.

Am Telefon sagte mir meine Mutter mit einem kaum merklichen Vorwurf in der Stimme: »Und ich habe diese ganzen Jahre nicht gewußt, daß Li'l Sister dieselbe Operation hinter sich hat!« Li'l Sister war vor zehn Jahren die Brust abgenommen worden, und weder ihr Bruder, noch sonst irgendjemand in ihrer Familie wußte davon.

Henry ist einer der sanftmütigsten Männer, die mir je begegnet sind, wenn auch nicht gerade der taktvollste. »Na, wie gehts, Kleine?« sagte er, gab mir einen Kuß und machte es sich mit seinem Bier bequem.

Ich begrüßte Li'l Sister, wir tauschten beiläufige Bemerkungen und Fragen nach unseren Kindern aus, und sehr bald fanden wir drei uns am Eßtisch, Henry mit seinem Hut und seinem Bier, Li'l Sister respektierlich, diszipliniert und in eleganter Weise aufrecht, und ich etwas schlampig im Morgenmantel. Li'l Sister und ich waren leidenschaftlich ins Gespräch über unsere Operation und unsere Erfahrungen vor und nach der Brustamputation vertieft. Wir verglichen unsere Meinungen über Schwestern, gymnastische Übungen und die Frage, ob Kokosbutter ein wirksames Mittel gegen die Tendenz Schwarzer Frauen zur Keloidbildung sei – dem

Prozeß, bei dem übermäßig Narbengewebe zur Abwehr von Infektionen gebildet wird.

Irgendwann zog Bruder Henry die Nase kraus und sagte: »Könnt ihr nicht mal über was anderes reden? Mir wird fast schlecht davon!«

Li'l Sister und ich sahen ihn nur einen Moment lang an – und kehrten zu unserer Unterhaltung zurück. Wir hatten gegensätzliche Meinungen über Prothesen, aber sie beruhigte mich sehr und sagte mir, wovor ich mich hüten sollte: vor regnerischen Tagen zum Beispiel und Erkältungen im Brustbereich. Wir taten alles, außer uns unsere Narben zu zeigen. Nach einer Stunde, nachdem sie eine weitere Tasse Tee abgelehnt hatte, erhob sich Li'l Sister, zog ihr Jackett glatt und schob sich die Brille zurecht.

»Also, ich habe mich sehr gefreut, dich kennenzulernen, Audre«, sagte sie. »Es war wirklich gut, mit dir zu reden. Komm, Henry, wir müssen jetzt nach Philly zurück!«

Und damit gingen sie. Irgendwie hatte ich das deutliche Gefühl, daß sie noch nie mit irgendjemandem über ihre Brustamputation gesprochen hatte – zehn Jahre lang. Aber vielleicht täusche ich mich.

Selbst auf einen Berg Kissen gestützt, konnte ich nicht länger als drei Stunden hintereinander schlafen, so stark schmerzten mir Rücken und Schulter. Es waren festsitzende und bewegliche Schmerzen, innerliche und äußerliche, starke und schwache. Es waren stechende, hämmernde, brennende, schneidende, kitzelnde und juckende Schmerzen. Ich lugte unter den Verband, wenn ich ihn wechselte; die Narbe sah immer noch friedlich und harmlos aus, wie der zugenähte Bauch einer gefüllten Gans, und als die Fäden gezogen waren, ging auch die leichte Schwellung zurück.

Ich schlief gewöhnlich ein paar Stunden und stand dann auf, ging aufs Klo, schrieb ohne Brille meine Träume auf kleine Fetzen Papier, nahm zwei Aspirin, machte meine Handübungen – im Spinnengang die Badezimmerwand hinauf – und ging dann wieder ins Bett für ein paar Stunden Schlaf und ein paar Träume mehr.

Ich funktionierte ziemlich automatisch, außer wenn ich weinte. Gelegentlich fragte ich mich: »Was soll ich essen? Wie soll ich mich verhalten, um meinen neuen Status als nur vorübergehend auf dieser Erde anzukündigen oder zu halten?« – und dann erinnerte ich mich, daß wir schon immer vergänglich gewesen sind und daß ich es nur früher nie so ernst genommen habe, beziehungsweise, daß es früher nie mein gesamtes Handeln bestimmt hat. Dann kam ich mir ein bißchen lächerlich und unnötig melodramatisch vor, aber nur ein bißchen.

Am Tag, nachdem mir die Fäden gezogen worden waren und ich so wütend auf die Schwester gewesen war, die mir gesagt hatte, ich schade der Praxismoral, weil ich keine Prothese trug, schrieb ich in mein Tagebuch:

5. Oktober 1978

Ich habe das Gefühl, meine Tage in Tausendstelsekunden zu zählen, von Stunden ganz zu schweigen. Und es hat etwas Gutes, dies besondere Bewußtsein davon, wie jede einzelne Stunde vergeht, selbst wenn es eine langweilige Stunde ist. Ich möchte, daß das ein ständiges Bewußtsein wird. So vieles habe ich in den letzten paar Tagen nicht gesagt, was nun nur noch gelebt werden kann – der Akt des Schreibens scheint mir manchmal unmöglich; der Zeitraum, der nötig ist, um die Wörter zu finden oder aufzuschreiben, ist lang genug zum völligen Umschwung der Situation, so daß ich als Lügnerin dastehe oder aufs neue nach der Wahrheit suchen muß. Was unmöglich scheint, wird real/faßbar durch die physische Form meines braunen Arms, der sich über die Seite bewegt. Nicht, daß mein Arm nicht dazu imstande wäre, aber irgendetwas hält ihn zurück.

Irgendwie muß ich diesem Kummer Luft ma-
chen, diesen Schmerz in Hitze und Licht hüllen,
um ihn in eine erträgliche Proportion zu brin-
gen, und weiß Gott, die neuesten Nachrichten
eignen sich nicht gerade für Briefe nach Hause
— der neue Papst ist tot, die Yankees haben das
Spiel gewonnen. ...
Später.
Ich müßte lügen, wenn ich behaupten wollte, all
dies sei ohne Belang. Ich sehe es als ernstlichen
Einbruch in mein Arbeiten/Leben aber auch als
ernstzunehmende Chance, etwas Nützliches zu
lernen, das ich mit anderen teilen kann. Und ich
trauere um die Frauen, die ihren Verlust auf das
rein Körperliche beschränken und nicht weiter-
gehen, um die ganze fürchterliche Bedeutung
unserer Sterblichkeit — sowohl als Waffe wie
auch als Macht — zu ermessen. Denn was hät-
ten wir letztlich überhaupt noch zu fürchten,
wenn wir uns eingestünden, daß wir dem Tod
von Angesicht zu Angesicht begegnet sind, ohne
uns ihm anheimzugeben? Wer, wenn wir unser
Sterben einmal wirklich angenommen haben,
könnte je wieder Macht über uns erlangen?
Ich sehne mich jetzt ungeduldig danach, mehr
zu leben — die Süße jedes Augenblicks und je-
des Wunders zu kosten, das mich durch meine
Tage begleitet, und daran teilzuhaben. Und nun
fühle ich wieder die freigebige Süße der Frauen,
die für mich offengeblieben sind, als ich diese
Offenheit brauchte wie Regen, und die erreich-
bar waren.

Ich schreibe dies nun in einem neuen Jahr, rufe mir diesen Brocken meiner jüngsten Vergangenheit ins Gedächtnis zurück und versuche, ihn in Einzelteile aufzulösen, so daß andere aus Not oder Verlangen darin eintauchen können, um nach Belieben die Zutaten zur Formung eines größeren Ganzen daraus zu schöpfen. Dies ist eine wichtige Funktion jeglicher Mitteilung von Erfahrung. Ich schreibe auch, um für mich selbst herauszufinden, wer ich gewesen und im Lauf dieser Zeit geworden bin, während derer ich meine Gedanken und Bilder zu Papier brachte – nicht nur für eine spätere Überprüfung, sondern auch um mich von ihnen zu befreien. Nicht um mich von ihrer Wirkung zu befreien, die ich auf die eine oder andere Weise verinnerlicht bewahren und nutzen werde, sondern einfach um sie nicht in einer Extraschublade meines Kopfes mit mir herumtragen zu müssen.

Aber ich schreibe über einen Abgrund hinweg, der so voll ist von Tod – wirklichem Tod, seiner Tatsächlichkeit –, daß es mir schwerfällt zu glauben, daß ich immer noch so sehr lebendig bin und dies hier schreibe. Die Tatsache all dieser anderen Tode erhöht und verschärft mein Lebensgefühl, macht den Anspruch daran bestimmter und jede Entscheidung noch schwerwiegender.
Brustkrebs kann trotz allem, trotz des mit ihm verbundenen tödlichen Bewußtseins und der Amputation, ein Weg sein – ein Weg, wenn auch noch so teuer erkauft, zur Ausschöpfung und Erweiterung meiner eigenen Macht und meines Wissens.
Wir müssen lernen, die Lebenden mit derselben besonderen Aufmerksamkeit zu zählen, mit der wir die Toten zählen.

20. Februar 1979

Ich bin heute noch ständig von Angst besessen, aber mehr noch von Zorn erfüllt, daß ich Angst haben muß und gezwungen bin, für nichts als Furcht und Sorgen soviel Energie zu verausga-

ben und meine Arbeit zu unterbrechen. Bedeuten meine unklaren Gallentests, daß ich Gallenkrebs habe? Wird mein Teint wieder gelb werden wie letztes Jahr — meiner Ansicht nach ein sicheres Zeichen dafür, daß ein bösartiger Prozeß in meinem Körper eingesetzt hat — ? Ich ärgere mich, daß mir dergleichen Sorgen Zeit rauben und mich schwächen. Sie fühlen sich an, als stünden sie mir jetzt als jederzeit greifbare Ablenkung zur Verfügung, ganz ähnlich wie uns die Lügen des FBI jederzeit als Ablenkung zur Verfügung stehen, um uns von unseren geplanten, selbstgewählten Wegen des Handelns tunlichst abzubringen.

Ich muß die Verantwortung auf mich nehmen, einen Weg zu finden, um mit diesen Sorgen so umzugehen, daß sie mich nicht vollends entnerven und die Kraft zum Ausbluten bringen, die ich brauche, um mich zu bewegen, um zu handeln und zu fühlen, um zu schreiben und zu lieben und draußen in der Sonne zu liegen und dem Frühlingsgesang der Vögel zu lauschen.

Ich denke, ich finde diesen Weg in der Arbeit, da Arbeit ihre eigene Antwort ist. Nicht mich von der Angst abwenden, sondern sie als Treibstoff für den Weg zu nutzen, den ich gehen möchte. Wenn es mir gelingt, mich daran zu erinnern, den Sprung aus der Ohnmacht ins Handeln, in die Aktion zu tun, dann nutzt Arbeit die Angst, während sie ihr gleichzeitig die Substanz entzieht, und ich finde mich mit wütender Macht erfüllt.

Gibt es keinen anderen Weg, fragte ich.
Zu einer anderen Zeit, sagte sie.

28. Februar 1979

III

BRUSTKREBS – MACHT ODER PROTHESE

1978, am Tag der Arbeit, entdeckte ich bei meiner regelmäßigen monatlichen Selbstuntersuchung einen Knoten in meiner rechten Brust, der sich als bösartig erwies. In der Zeit des darauf folgenden Krankenhausaufenthalts, meiner Brustamputation und ihrer Nachwehen durchlief ich zahlreiche Stadien von Schmerz, Wut, Trauer und wachsender Selbst-Sicherheit. Manchmal durchlief ich diese Stadien mit dem Gefühl, gar keine andere Wahl zu haben, aber in anderen Augenblicken war mir bewußt, daß es mir freistand, mich für die Gleichgültigkeit – oder eine Passivität, die der Gleichgültigkeit sehr ähnlich ist – zu entscheiden, was ich jedoch ablehnte. In dem Maße, wie ich mich der Auseinandersetzung und dem Nachdenken über die unterschiedlichen Teile dieser Erfahrung langsam etwas besser gewachsen fühlte, fühlte ich auch, daß ich in dem Prozeß des Verlierens einer Brust an Ganzheit gewonnen hatte.

Nach einer Brustamputation möchten viele Frauen – genau wie ich selbst – am liebsten zurückgehen und es nicht aushalten müssen, dieser Erfahrung auf den Grund zu gehen, um herauszufinden, welche Erleuchtung sie dort erwarten mag. In diesem Wunsch, dieser Sehnsucht, werden sie durch die meisten auf die Operation folgenden Beratungsmaßnahmen für brustkrebskranke Frauen noch bestärkt. Ihre regressive Fesselung an diese Vergangenheit wird zusätzlich dadurch betont, daß Brustkrebs in erster Linie als ein kosmetisches Problem behandelt wird, das durch eine kosmetische Vorspiegelung falscher Tatsachen gelöst werden kann. Das Beratungsprogramm der amerikanischen Krebsgesellschaft »Reach for Recovery«, »Griff nach der Genesung«, das Frauen zwar einen wertvollen Dienst erweist, indem es ihnen gleich nach der Operation Beraterinnen schickt und sie wissen läßt: sie sind nicht allein, fördert jedoch diese falsche und gefährliche Sehnsucht in der irrtümlichen Annahme, Frauen seien zu schwach, um sich direkt und mutig mit den Realitäten ihres Lebens auseinanderzusetzen.

Die Beraterin von »Griff nach der Genesung«, die mich im Krankenhaus aufsuchte, war auf ihre Art zweifellos bewundernswert und sogar beeindruckend, aber was sie sagte, hatte zu meiner Erfahrung oder meinen Sorgen keinerlei Bezug. Als vierundvierzigjährige Schwarze lesbische Feministin wußte ich, daß es für mich in dieser Situation nur sehr wenige Verhaltensmodelle gab, aber zwei Tage nach der Brustamputation war meine Hauptsorge gewiß nicht die Frage, welchen Mann ich mir in Zukunft angeln könnte oder ob mein Freund mich wohl noch attraktiv genug fände oder gar ob meine beiden Kinder sich in Gegenwart ihrer Freunde meiner schämen würden.

Meine Sorge galt meiner Überlebenschance und den Auswirkungen eines möglicherweise kürzeren Lebens auf meine Arbeit und meine Prioritäten. Wäre dieser Krebs vermeidbar gewesen? Und was wäre künftig zu tun, um sein Wiederauftreten zu verhindern? Würde ich in der Lage sein, die Kontrolle über mein Leben, die ich immer als selbstverständlich erachtet hatte, zu behalten? Aus meiner lebenslangen Liebe zu Frauen wußte ich, daß sich durch körperliche Veränderungen an der Liebe von Frauen nichts ändert. Es wäre mir gar nicht in den Sinn gekommen, daß eine Frau, die mich wirklich liebt, mich weniger lieben könnte, weil ich eine Brust weniger habe. Aber ich hatte mich schon gefragt, ob sie wohl mein neues Ich lieben und damit umgehen könnte. Somit waren meine Sorgen völlig andere als die von der »Griff nach der Genesung«-Beraterin angesprochenen, aber deshalb waren sie keinen Deut weniger entscheidend oder heftig.

Doch diese Frau ignorierte jeden meiner Versuche, die Möglichkeit einer wirklichen Einbeziehung dieser Erfahrung in die Gesamtheit meines Lebens und meiner Arbeit zu prüfen oder zu erfragen, oder sie ging peinlich berührt darüber hinweg: ich sähe die »Sonnenseite des Lebens« nicht. Ich war empört und beleidigt, und in meinem Schwächezustand fühlte ich mich nach diesem Besuch noch isolierter als vorher.

In der kritischen, verletzlichen Zeit gleich nach der Operation bedeutet jede Selbstprüfung und Selbsteinschätzung einen positiven Schritt. Wenn aber einer Frau suggeriert wird, sie könne wieder »dieselbe« sein wie vor der Operation – sie brauche dazu nur einen Bausch Lammwolle oder Silikon-Gel geschickt anzuwenden – , dann wird der Prothese eine übermäßige Bedeutung beigemessen und der Frau nahegelegt, sie brauche sich gar nicht erst mit der Tatsache auseinanderzusetzen, daß sie trotz ihrer Veränderung und Verletzung doch körperlich und emotional *wirklich* ist. Daß die Bedeutung der kosmetischen Nachbehandlung so betont wird, verstärkt noch einmal die gesellschaftliche Klischeevorstellung, daß wir Frauen nur das sind, als was wir äußerlich erscheinen – und folglich braucht auch nur dieser eine Aspekt unserer Existenz angesprochen zu werden. Jede Frau, die durch Krebs eine Brust verloren hat, weiß, daß sie sich anders fühlt als vorher. Aber man läßt uns psychisch weder Zeit noch Raum, um herauszufinden, was unsere wahren Gefühle hierzu sind, und uns diese Gefühle zu eigen zu machen. Man gibt uns eilends die kosmetische Versicherung, unsere Gefühle seien unwichtig: unser Aussehen sei alles – die Gesamtsumme unserer selbst!

Ich brauchte nicht einmal auf den Verband über meiner Brust hinunterzusehen, um zu wissen, daß ich mich anders fühlte als vor der Operation. Aber ich fühlte mich trotzdem noch als ich selbst, als Audre, und das umfaßte weit mehr als die bloße Frage, wie meine Brust nun aussah!

Daß dem äußeren Anschein an diesem entscheidenden

Punkt, wo eine Frau sich ihr eigenes Selbst und ihr Körper-Bild wieder anzueignen sucht, derartige Bedeutung beigemessen wird, hat zwei negative Auswirkungen:

1. Es legt Frauen nahe, lieber in der Vergangenheit zu weilen als in der Zukunft. Dies hindert eine Frau daran, sich auf die Gegenwart einzulassen und sich mit den veränderten Ebenen ihres Körpers einig zu werden. Da ihr diese folglich fremd – unter dem Trick der Prothese begraben – bleiben, muß sie den Verlust ihrer Brust heimlich betrauern, so als wäre er das Ergebnis eines Vergehens, an dem sie selbst schuld ist.

2. Es legt Frauen nahe, sie könnten ihre Energien darauf beschränken, die Brustamputation als kosmetisches Ereignis anzusehen, und brauchten die anderen Faktoren in einer Konstellation, die u. a. ihren Tod bedeuten könnte, nicht in Betracht zu ziehen. Es rückt die Frage, was diese Konstellation für ihr Überleben bedeutet, ebenso in den Hintergrund wie die Notwendigkeit, Prioritäten für die Nutzung der ihr noch verbliebenen Zeit zu setzen. Es bestärkt sie in dem Gefühl, daß es nicht nötig sei, auf ihre Ernährung zu achten und sich psychisch zu wappnen, um nach Möglichkeit einem Rückfall vorzubeugen.

Ich spreche hier über die Notwendigkeit für eine jede Frau, ein bewußtes Leben zu führen. Diese Notwendigkeit wächst und vertieft sich, wenn wir unserer Sterblichkeit und unserem Tod unmittelbar ins Auge sehen. Uns zu prüfen und uns nach dem Wert unseres Lebens zu fragen, kann bei aller Schmerzlichkeit eine lohnende und bestärkende Reise in eine tiefere Ebene unserer selbst sein. Denn wenn wir unser Bewußtsein immer mehr für die eigentlichen Bedingungen unseres Lebens öffnen, werden wir immer weniger bereit sein, diese Bedingungen unverändert zu lassen oder von außen kommende zerstörerische Kontrollen über unser Leben und unsere Identität tatenlos mitanzusehen. In dieser Suche nach Selbst-Bestimmung und Macht muß jede »Patentlösung«, mag sie noch so gut gemeint sein und noch so schön verkleidet daherkommen, als schädlich angesehen werden. Denn sie gibt der brustamputierten Frau ständig das geheime Gefühl der Unzulänglichkeit, hält sie kindlich-unmündig und macht ihre Identität von einer äußerlichen Definition – ihrem Aussehen – abhängig. Auf diese Weise werden wir Frauen daran gehindert, die Macht unseres Wissens und unserer Erfahrung zum Ausdruck zu bringen und dadurch Kräfte zu entwickeln, die es uns erlauben würden, diejenigen Strukturen in unserem Leben in Frage zu stellen, die das Krebs-Establishment mittragen. Warum zum Beispiel hat die amerikanische Krebsgesellschaft die Beziehung zwischen tierischen Fetten und Brustkrebs für unsere Töchter nicht genauso publik gemacht wie die Beziehung zwischen Zigarettenrauch und Lungenkrebs? Schließlich ist diese Verkettung von tierischen Fetten, Hormonproduktion und Brustkrebs kein Geheimnis! (S. G. Hems in: *British Journal of Cancer*, Bd. 37, Nr. 6, 1978.)

Zehn Tage nach der Brustabnahme ging ich zu meinem Arzt zur Sprechstunde ins Krankenhaus, um mir die Fäden ziehen zu lassen. Es war mein erster Ausgang, seit ich wieder zu Hause war, und ich freute mich richtig darauf. Eine Freundin hatte mir das Haar gewaschen, und es sah schwarz und glänzend aus mit meinen in der Sonne glitzernden einzelnen grauen Haaren. Allmählich bekam ich wieder etwas Farbe ins Gesicht und um die Augen herum. Ich trug meinen am schönsten schimmernden Mondstein und, im Namen stolzer Asymmetrie, einen einzelnen schwebenden Vogel im rechten Ohr. Mit einem afrikanischen Kittelhemd aus Kente* und meinen neuen Lederstiefeln wußte ich, ich sah gut aus – mit der mutwilligen, neugeborenen Sicherheit einer schönen Frau, die harte Zeiten hinter sich hat und heilfroh ist, noch am Leben zu sein.

*buntbedruckter Kattun

Als ich die Krankenhauspraxis meines Arztes betrat, war ich alles in allem recht zufrieden mit mir, zufrieden mit meinem Empfinden, meinem Flair und meinem Stil. Die Arztschwester, eine bestechend intelligente und zuverlässige Frau in meinem Alter, die mir bei meinen früheren Arztbesuchen das Gefühl gegeben hatte, mich auf ruhig-sachliche Weise zu unterstützen, rief mich ins Sprechzimmer. Auf dem Weg dorthin fragte sie mich, wie es mir ginge.

»Gar nicht schlecht«, sagte ich, halbwegs auf eine Bemerkung über mein gutes Aussehen gefaßt.

»Sie tragen keine Prothese«, sagte sie leicht besorgt und ganz und gar nicht wie eine Frage.

»Nein«, sagte ich, einen Moment entwaffnet. »Es fühlt sich einfach nicht richtig an« – wobei ich an den Lammwollbausch dachte, den die Beraterin von »Griff nach der Genesung« mir gegeben hatte.

Die gewöhnlich hilfsbereite und verständige Schwester sah mich nun nachdrücklich mißbilligend an, während sie mir mitteilte, selbst wenn es nicht ganz richtig aussehe, sei es doch »besser als nichts«, und sobald die Fäden gezogen seien, könnte ich mir eine »richtige Form« anpassen lassen.

»Sie werden sich viel wohler damit fühlen«, sagte sie. »Und außerdem sehen wir es wirklich gern, wenn Sie etwas tragen, wenigstens wenn Sie in die Sprechstunde kommen. Sonst schadet es der Praxismoral.«

Ich traute meinen Ohren nicht. Ich war so außer mir, daß ich erstmal gar nichts sagen konnte – aber dies sollte nur der erste derartige Angriff auf mein Recht sein, meinen eigenen Körper zu beanspruchen und selbst über ihn zu bestimmen.

Da waren wir, in der Krankenhaus-Praxis eines New Yorker Spitzenchirurgen für Brustkrebs. Jede Frau hier hatte eine Brustabnahme hinter sich, mußte sich auf eine Brustabnahme gefaßt machen oder hatte Angst, daß ihr eine Brust abgenommen werden müßte. Und jede Frau hier hätte es gut brauchen können, daran erinnert zu werden, daß ihr Leben mit nur einer Brust nicht automatisch vorbei war; daß sie damit nicht weniger eine Frau war und daß sie, um sich mit sich selbst und ihrem Aussehen wohl zu fühlen, nicht zur Anwendung einer Attrappe verdammt war.

Aber eine Frau, die nur noch eine Brust hat und sich weigert diese Tatsache hinter einem lächerlichen Wollbausch zu verstecken, der keinerlei Beziehung oder Ähnlichkeit mit ihrer eigenen Brust besitzt; eine Frau, die versucht, zu einem Einverständnis mit ihrer veränderten Körperlandschaft, ihrem veränderten Lebenszeitplan und mit ihrem eigenen Körper, ihrem Schmerz, ihrer Schönheit und ihrer Kraft zu gelangen – diese Frau wird als Bedrohung für die »Moral« einer Brustchirurgenpraxis angesehen!

Aber wenn Moshe Dayan, Israels Premierminister, mit einer Augenklappe vor das Parlament oder vor die Fernsehkamera tritt, sagt niemand, er solle sich ein Glasauge besorgen oder er schade der Staatsmoral! Die Welt sieht ihn als einen Krieger mit einer ehrenhaften Wunde, der den Verlust eines Teils seiner selbst bewußt verzeichnet und betrauert hat und der darüber hinweggekommen ist. Und wenn Ihnen Moshe Dayans leere Augenhöhle Schwierigkeiten macht, weiß alle Welt, das ist Ihr Problem und nicht seins.

Frauen mit Brustkrebs sind ebenfalls Kriegerinnen. Ich selbst war im Krieg und bin es noch. Und desgleichen jede Frau, der eine oder beide Brüste abgenommen werden mußten, weil sie Krebs hatte – eine Krankheit, die auf dem besten Wege ist, die größte Seuche unserer Zeit zu werden. Für mich sind meine Narben ein ehrenhaftes Zeichen der Erinnerung daran, daß ich in diesem kosmischen Krieg gegen Strahlenverseuchung, tierische Fette, Luftverschmutzung, McDonalds »Hamburger« und Roten Farbstoff Nr. 2 zum Opfer werden könnte; aber noch hält der Kampf an und noch nehme ich an ihm teil. Ich lehne es ab, hinter Lammwolle oder Silikon-Gel meine Narben zu verstecken oder zur Trivialität werden zu lassen. Ich lehne es ab, mich in meinen eigenen Augen oder den Augen anderer von der Kriegerin auf das bloße Opfer reduzieren zu lassen, nur weil es mich vielleicht eine Spur annehmbarer oder ungefährlicher für diejenigen macht, die immer noch selbstzufrieden glauben, es genüge, ein Problem zu verdecken, damit es nicht mehr existiert.

Als ich im Sprechzimmer meines Arztes saß und versuchte, Ordnung in meine Wahrnehmung dieses Vorfalls zu bringen, wurde mir bewußt, daß die Einstellung zur Prothese nach der Brustamputation bezeichnend für die Einstellung dieser Gesellschaft gegen Frauen überhaupt ist, da diese Gesellschaft Frauen als Verzierung und nur durch Äußerlichkeiten bestimmte Sexobjekte sieht.

Zwei Tage später schrieb ich in mein Tagebuch:

Ich kann jetzt keine Prothese tragen, weil ich es nicht nur als Verkleidung, sondern als Lüge empfände, und ich setze ja meinen Körper ohnehin der Bedrohung aus, indem ich neue Wege der Stärke suche und mich um den Mut bemühe, die Wahrheit zu sagen.

Die entscheidende Herausforderung in der Erfahrung der Brustamputation war für mich – im Angelpunkt meiner Angst vor einem lebensbedrohenden Krebs – der nüchterne Blick auf meine eigene Sterblichkeit. Dies erforderte, daß ich die Qualität und die Struktur meines gesamten Lebens noch einmal überprüfte – meine Prioritäten und Verpflichtungen ebenso wie die möglichen Änderungen, die sich im Licht dieser Überprüfung als nötig erweisen mochten. Ob ich es zugeben wollte oder nicht – ich hatte mich meinem Tod bereits gestellt, und nun war es nötig, die Kraft, die mir mein Überleben geschenkt hatte, weiter zu entwickeln.

Die Prothese bietet den leeren Trost des »niemand merkt den Unterschied«. Aber diesen Unterschied will ich gerade betonen, weil ich ihn erlebt und überlebt habe und diese

Kraft mit anderen Frauen teilen möchte. Wenn wir das Schweigen, von dem Brustkrebs umgeben ist, in Sprache und Aktion verwandeln wollen, um gegen diese Seuche anzukämpfen, dann ist es der erste Schritt, daß brustamputierte Frauen sichtbar und für einander erkennbar werden.* Denn Schweigen und Unsichtbarkeit gehen Hand in Hand mit Ohnmacht. Wenn wir die Maske der Prothese annehmen, erklären wir einbrüstigen Frauen uns selbst für ungenügend und von einer Vortäuschung falscher Tatsachen abhängig. Wir verstärken unsere eigene Isolation und unsere Unsichtbarkeit für einander ebenso wie die Selbstgefälligkeit einer Gesellschaft, die es vorzieht, die Resultate ihres eigenen Wahnsinns nicht vor Augen zu haben. Dazu kommt, daß wir uns das gegenseitige Erkennen und die Unterstützung vorenthalten, die eine unschätzbare Hilfe in unserem Bemühen wäre, die Dinge in eine Relation zu bringen und uns selbst zu akzeptieren. Wenn ich mich tagtäglich von Frauen umgeben sehe, die alle so aussehen, als hätten sie zwei Brüste, dann fällt es mir manchmal sehr schwer, mir zu sagen, ICH BIN NICHT ALLEIN. Habe ich aber einmal meinen Tod als Teil meines Lebensprozesses angenommen, was habe ich dann wohl noch zu fürchten? Wer kann eigentlich je wieder Macht über mich erlangen?

Wir können es uns als Frauen nicht leisten, die Augen abzuwenden oder das Auftreten von Brustkrebs als Privatangelegenheit oder geheimes persönliches Problem anzusehen. Es ist kein Geheimnis, daß immer mehr Frauen Brustkrebs haben. Nach den eigenen Statistiken der Amerikanischen Krebsgesellschaft sind nach drei Jahren nur noch 50% aller brustkrebskranken Frauen am Leben. Diese Zahl fällt auf 30%, wenn die Frauen arm oder Schwarz sind oder auf irgendeine andere Weise zur Schattenseite dieser Gesellschaft gehören. Wir können über diese Tatsachen nicht hinwegse-

*Besonderen Dank an Maureen Brady für das Gespräch, das zu dieser Einsicht führte.

hen, über ihre Bedeutung ebenso wenig wie über ihre Konsequenzen für unser Leben in individueller und kollektiver Hinsicht. Früherkennung und rechtzeitige Behandlung sind entscheidende Mittel, wenn diese traurigen Statistiken sich je verbessern sollen. Damit es aber überhaupt zu häufigerer Früherkennung und rechtzeitiger Behandlung kommen kann, müssen wir Frauen uns gründlich genug von den gesellschaftlichen Klischeevorstellungen über unser Aussehen frei machen, um erkennen zu können, daß es hundertmal besser ist, eine Brust zu verlieren, als unser Leben (oder unsere Augen oder Hände...).

Obwohl die Selbstuntersuchung der Brust die Häufigkeitswerte von Brustkrebs nicht reduziert, senkt sie doch sichtlich die Sterblichkeitsquote, denn die meisten beginnenden Tumore werden von Frauen selbst entdeckt. Ich habe meinen Tumor bei meiner monatlichen Selbstuntersuchung entdeckt, und dasselbe berichten die meisten Frauen mit guter Überlebenschance, die ich kenne. Wenn unsere geschärfte Wachsamkeit einen solchen Unterschied in der Sterblichkeitsquote bei Brustkrebs bewirkt, dann sollten Frauen das mögliche und tatsächliche Auftreten von Brustkrebs lieber als Realität betrachten statt als Mythos oder Strafe, als nächtliche Schreckensvision oder als Alptraum, der vergeht, wenn er nicht beachtet wird. Nach der Operation sollten Frauen sich der Möglichkeit des bilateralen Wiederauftretens von Krebs (in der anderen Brust) bewußt sein und es lieber mit Wachsamkeit als mit panischer Angst verfolgen. Es bedeutet nicht die Ausbreitung, sondern das neue Auftreten eines Tumors in der anderen Brust. Jeder Frau sollte klar sein, daß eine ehrliche Kenntnis und Einschätzung ihres eigenen Körpers das beste Mittel der Krebserkennung ist.

Und doch hat sich die Krebs-GmbH offenbar immer noch darauf verschworen, jeder Frau, die eine Brust verloren hat, weismachen zu wollen, sie sei nicht anders als vorher und könne mit ein bißchen geschickter Täuschung und ein paar Gramm Silikon-Gel sich selbst und den beobachtenden

Blicken der Welt (die uns Frauen einzig zugestandene Orientierung auf dieser Welt!) vormachen, nichts sei geschehen, das eine Herausforderung und Infragestellung für sie bedeuten könnte.

Bei dieser Orientierung wird einer Frau nach der Operation weder Zeit noch Raum gelassen, um ihren Verlust zu beweinen, gegen ihn zu wüten, ihn zu verinnerlichen und zu transzendieren. Es wird ihr kein Raum gelassen, um sich mit ihrem veränderten Leben einig zu werden oder um ihre Veränderung für eine neue, dynamischere Daseinsweise zu nutzen. Bei amerikanischen Frauen tritt Brustkrebs mit größter Häufigkeit im Alter von 40 bis 55 Jahren auf. Das sind genau die Jahre, in denen die Medien Frauen als welkende, geschlechtslose Wesen hinstellen. Als bewußte Frau finde ich mich im Gegensatz zu diesem Medienbild gerade im Aufstieg zu meiner vollen Macht, meiner größten psychischen Kraft und meiner tiefsten Befriedigung. Ich bin jetzt freier von den Zwängen, Ängsten und Zweifeln meiner jüngeren Jahre, und mein Überleben all diese Jahre hat mich gelehrt, meiner eigenen Schönheit gerecht zu werden und mir die Schönheit anderer sehr genau anzusehen. Es hat mich außerdem gelehrt, seine Lektionen ebenso hoch zu schätzen wie meine Wahrnehmungen. Meine Gefühle sind jetzt tiefer und wertvoller für mich, und ich kann sie mit meinem Wissen in Einklang bringen, um mir eine Vision und einen Weg zu wirklicher Veränderung zu schaffen. In dieser Zeit der Selbstbestätigung und Reife läßt sich sogar das Auftreten eines lebensbedrohenden Tumors und das Trauma einer Brustamputation als Wissen und mögliche Stärke in die eigene Lebenskraft integrieren – als treibende Kraft für eine dynamischere und konzentriertere Lebensweise. Da sich unsere Gesellschaft ständig bemüht, sich gegen die angebliche Bedrohung von Seiten selbstbestimmter, selbstbewußter Frauen zu schützen, ist es kein Zufall, daß sie Frauen vom gegenseitigen Mit/teilen dieses Wissens abzubringen sucht: in diesem Fall zum Beispiel durch die Unsichtbarkeit, die sie durch ihr Bestehen auf der Prothese brustamputierten Frauen als Norm aufzwingt.

An und für sich ist gegen den Gebrauch von Prothesen gar nichts einzuwenden, wenn sie, aus welchen Gründen auch immer, frei gewählt werden können und wenn eine Frau zuerst einmal die Möglichkeit hatte, ihren neuen Körper anzunehmen. Gewöhnlich erfüllen Prothesen jedoch eine echte Funktion, indem sie die Leistungen eines fehlenden Körperteils möglichst adäquat übernehmen. Bei anderen Amputationen und im Fall anderer prothetischer Vorrichtungen ist diese Funktion der eigentliche Grund für ihr Bestehen. Künstliche Glieder führen bestimmte Aufgaben aus; sie erlauben uns, Dinge zu handhaben oder zu gehen. Gebisse erlauben uns, unsere Nahrung zu kauen. Einzig künstliche Brüste dienen nichts anderem als der äußeren Erscheinung – als hätten Frauenbrüste nur eine wirkliche Funktion: den Blicken von Betrachtern in bestimmter Form, Größe und Symmetrie zu erscheinen oder auf äußeren Druck hin nachzugeben! Denn keine Frau, die eine Brustprothese trägt, kann auch nur einen Augenblick glauben, es sei ihre eigene Brust, genauso wenig wie eine Frau mit einem ausgestopften BH.

Trotzdem wird Frauen nach der Operation die Brustprothese angeboten wie kleinen Kindern nach der Spritze das Bonbon, gleichgültig, ob es sich im Endeffekt zerstörerisch auswirkt. Ihr Trost ist Illusion; eine Übergangszeit kann genauso gut durch jede lose fallende Bluse geschaffen werden. Ich habe mich nach der Operation mit einem Bausch Lammwolle in meinem BH wahrhaftig nicht besser gefühlt. Die Wahrheit ist, daß sich gewisse andere Leute mit dem Wollbausch in meinem BH besser fühlen, denn auf diese Weise brauchen sie sich weder mit mir noch mit sich selbst hinsichtlich ihrer Sterblichkeit oder unserer Unterschiedlichkeit zu befassen. Der Zwang zur Prothese nach einer Brustamputation spiegelt nur die generelle Einstellung unserer Gesellschaft gegen Frauen überhaupt wider, die als sexuelle Gebrauchsartikel ohne eigene Persönlichkeit gelten. Frauen werden dahingehend programmiert, unsere Körper nur unter dem Aspekt zu sehen, wie sie auf andere wirken und sich für andere anfühlen, und nicht, wie sie sich für uns selbst anfühlen und welchen Gebrauch wir von ihnen machen möchten. Wir sind von Medienbildern umgeben, die Frauen als im wesentlichen dekorative Konsummaschinen zeigen, die unaufhörlich gegen ihren schleichenden Verfall anzukämpfen haben. (Nehmen Sie täglich Ihre Vitamine, dann verläßt er Sie nicht... vielleicht – falls Sie nicht vergessen, strahlend weiße Zähne zu haben, Ihre Körpergerüche zu überdecken, Ihr graues Haar zu färben und Ihre Fältchen auszubügeln ...) Als Frauen wehren wir uns Tag für Tag gegen diese Persönlichkeitsberaubung, diesen Zwang zur Anpassung unseres Selbst-Bildes an eine Medienerwartung, die der Befriedigung männlicher Nachfrage dient. Der Nachdruck, mit dem uns die Brustprothese nicht als funktionell, sondern als »dezent« angepriesen wird, ist ein zusätzliches Beispiel für diese Auslöschung unseres Selbst, die uns ständig zur aktiven Teilnahme einlädt. Die Botschaft, ich sei nur dann akzeptabel, wenn ich »richtig« oder »normal« aussehe, empfinde ich als persönliche Beleidigung, wenn diese Normen nichts mit meiner eigenen Wahrnehmung dessen zu tun haben, wer ich bin. Wo »normal« die »richtige« Farbe, Form, Größe oder Anzahl von Brüsten bedeutet, wird die Wahrnehmung einer Frau von ihrem eigenen Körper und der Kraft, die dieser Wahrnehmung entspringt, entmutigt, trivialisiert und ignoriert. Wenn ich um meine rechte Brust trauere, trauere ich nicht um ihre Erscheinung, sondern um mein Gefühl von ihr und um die Tatsache dieses Verlusts. Aber wo Äußerlichkeit und Oberflächlichkeit das höchste Ideal sind, wird die Vorstellung, daß eine Frau schön und einbrüstig sein kann, als unanständig oder bestenfalls bizarr angesehen – als Bedrohung für die »Moral«.

Um die Berührung mit mir selbst nicht zu verlieren und fähig zu bleiben, meine Kraft auf jene Welten zu konzentrieren, durch die ich mich hindurchbewege, muß ich mich fragen, was mir mein Körper bedeutet. Und ich muß die äußeren Ansprüche an mein Aussehen und meine Wirkung auf andere von dem trennen, was ich für meinen eigenen Körper will und wie ich mich selbst empfinde. Als Frauen haben wir gelernt, auf jede Bemerkung über die Besonderheiten unserer Unterdrückung mit stechenden Schuldgefühlen zu reagieren – als seien wir an dem, was man uns angetan hat, letztlich selbst schuld. Das Opfer einer Vergewaltigung wird beschuldigt, den Vergewaltiger gereizt zu haben. Die geschlagene Frau wird beschuldigt, ihren Mann verärgert zu haben. Eine Brustamputation ist keine schuldbeladene Tat, die ich verstecken muß, um wieder akzeptiert zu werden oder die empfindlichen Gefühle anderer zu schützen. Die Vortäuschung falscher Tatsachen hat uns noch keinen dauerhaften Wandel oder Fortschritt eingebracht.

Jede Frau hat das Recht auf ihre eigenen Wünsche und Entscheidungen. Aber die Entscheidung für die Prothese erfolgt oftmals nicht aus einem Wunsch, sondern aus einer Resignation. Manche Frauen klagen, es sei ihnen zu mühsam, sich dem konsequenten Druck der Modeindustrie zu widersetzen. Einbrüstig sein heißt nicht unmodisch sein; es heißt Zeit und Energie darauf zu verwenden, die richtige Kleidung zu wählen oder herzustellen. In einigen Fällen bedeutet es, sich Kleider und Schmuck selbst zu machen oder umzuändern. Die Tatsache, daß den modischen Bedürfnissen einbrüstiger Frauen kaum Rechnung getragen wird, heißt nicht, daß der konzertierte Druck unserer Forderungen dies nicht ändern könnte.*

Vor noch gar nicht langer Zeit wurde von schwangeren Frauen in Amerika erwartet, daß sie ihre körperlichen Gegebenheiten verborgen hielten. Eine schwangere Frau, die sich in die Öffentlichkeit wagen wollte, mußte sich ihre eigene Kleidung entwerfen und anfertigen, um es bequem zu haben und attraktiv zu sein. Mit der steigenden Nachfrage schwan-

*Dank an Frances Clayton für das Gespräch, das zu dieser Erkenntnis führte.

gerer Frauen, die nicht länger gewillt waren, so zu tun, als existierten sie nicht, ist die Schwangerschaftsmode inzwischen zu einem etablierten, blühenden Spezialgebiet der Bekleidungsindustrie geworden.

Entwürfe und Vermarktung von Kleidungsstücken für einbrüstige Frauen sind nur noch eine Frage der Zeit, und wir, die wir jetzt unsere eigenen asymmetrischen Schnitte und den Schmuck für unsere neuen Landschaften entwerfen und tragen, sind ganz sicher die Pionierinnen einer neuen Mode!

Einige Frauen glauben, eine Brustprothese sei nötig, um sich eine korrekte Haltung und körperliches Gleichgewicht zu bewahren. Aber erstens haben unsere Brüste nie dasselbe Gewicht, und zweitens ist der menschliche Körper ohnehin nie genau seitengleich. Mit minimalen Übungen zur Gewöhnung an eine gerade Haltung kann unser Körper sich ohne Schwierigkeiten an die Einbrüstigkeit anpassen, selbst wenn unsere verlorene Brust ziemlich schwer war.

Frauen in öffentlichen oder privaten Anstellungen haben berichtet, daß sie bei der Rückkehr an ihren Arbeitsplatz nach einer Brustamputation ihre Stellungen und Beförderungen verloren – unabhängig davon, ob sie eine Prothese trugen oder nicht. Die gesellschaftliche und wirtschaftliche Diskriminierung von Frauen mit Brustkrebs wird nicht dadurch vermindert werden, daß wir so tun, als gäbe es Brustamputationen nicht. Wo der Arbeitsplatz einer Frau aufgrund ihrer Krankengeschichte in Gefahr gerät, kann die Anstellungsdiskriminierung nicht mit einem Beutel Silikon bekämpft werden – genauso wenig wie mit der ständigen Angst und Sorge, die für Frauen im allgemeinen mit solchen Tricks einhergeht. Brustprothesen als Mittel gegen die Anstellungsdiskriminierung vorzuschlagen, ist das Gleiche, als würde man sagen, als Mittel gegen die Rassenvorurteile müßten die Schwarzen so tun, als wären sie weiß. Die Anstellungsdiskriminierung brustamputierter Frauen kann nur offen bekämpft werden, durch Frontalangriffe starker, mit sich selbst einverstandener Frauen, die sich weigern, sich auf eine minderwertige Position abschieben zu lassen oder ängstlich in der Ecke zu hocken, weil sie nur eine Brust haben!

Wenn brustamputierten Frauen jegliche realistische Selbsteinschätzung ausgeredet wird, verschwenden sie große Mengen Zeit, Energie und Geld, um jedem Irrlicht zu folgen, das ihnen eine geschicktere Vortäuschung der Normalität zu versprechen scheint. Diese Frauen, die Unterschiede nicht als Teil ihres Lebens akzeptieren können und schuldbewußt nach einer Illusion suchen, fallen leicht jeder billigen Bauernfängerei zum Opfer, die ihnen über den Weg läuft. Die panische Angst und Einsamkeit der Frauen, die den Geist ihrer Brust zu ersetzen suchen, macht sie nur noch weiter zu Opfern.

Die folgende Geschichte will nicht in Abrede stellen, daß es viele seriöse Fabrikate künstlicher Brüste gibt, die, wenn auch zu unverschämten Preisen, letztlich eine echte Funktion für eine Frau haben können, die frei genug ist zu wählen, wann und warum sie sie trägt bzw. nicht trägt. Über das andere Extrem berichtete die *New York Times* am 28. Dezember 1978:

UNTERNEHMEN ZUR HERSTELLUNG KÜNSTLICHER BRÜSTE DES BETRUGS ANGEKLAGT

Gegen ein Unternehmen in Manhattan, das angeblich Krebspatientinnen betrogen hat, die nach einer Brustamputation künstliche Brüste bestellt hatten, wurde eine Untersuchung eingeleitet. ... Die Anzahl der angeblich hereingelegten Frauen konnte nicht ermittelt werden. Es wird angenommen, daß die eingegangenen Klagen nur einen geringen Prozentsatz der Betrogenen repräsentieren, da es den anderen *zu peinlich war, Anklage zu erheben*. (Hervorhebung von A.L.)

Obwohl das betreffende Unternehmen namens »Apres Body Replacement« (von Frau Elke Mack gegründet) nicht zu den führenden Herstellern von Brustprothesen gehörte, hatte es 1977 in dem Fernsehprogramm »Guten Morgen, Amerika« umfangreiche Werbung genossen, und hier hatten viele Frauen zum ersten Mal von Apres gehört. Was war Besonderes an den Verheißungen dieses Produkts, daß es so viel Aufmerksamkeit auf sich – und Frauen von New York bis Maine so viel Geld aus der Tasche zog? Der *New York Times*-Artikel fährt fort:

> Apres bot ein »individuell geformtes Produkt, das ein perfektes Duplikat der verbliebenen Brust ist« und »mittels synthetischen Haftstoffes getragen wird«, der angeblich von einem Arzt entwickelt wurde.

Es ist bekannt, daß Frauen in einigen Fällen bis zu 600 Dollar (ca. 1700,- DM) unbesehen für diesen Artikel zahlten, der angeblich ihrem eigenen Körper nachgebildet war. Als die Frauen ihre Prothese abholen kamen, erhielten sie etwas, das keinerlei Beziehung oder Ähnlichkeit mit ihren eigenen Brüsten hatte, nicht haftete und überhaupt nicht zu gebrauchen war. Andere Frauen bekamen gar nichts für ihr Geld.

Dies ist noch nicht einmal der schlimmste oder teuerste Betrug. In dem vorgegebenen Rahmen der Äußerlichkeit, Oberflächlichkeit und Vortäuschung falscher Tatsachen ist der nächste logische Schritt einer persönlichkeitsberaubenden, frauenverachtenden Kultur die Erfindung jener Ungeheuerlichkeit, die sich euphemistisch »Brustrekonstruktion« nennt. Diese Operation wird jetzt von der schönheitschirurgischen (»plastischen«) Industrie als neuester »Fortschritt« in der Brustchirurgie angepriesen. In Wirklichkeit ist sie gar nicht neu, sondern eine schon früher zur Brustvergrößerung angewandte Technik. Dazu ist anzumerken, daß die Forschung, die auf diese potentiell lebensgefährdende Praxis verwandt wird, den Aufwand von Zeit und Forschungsgeldern erfordert – aber nicht um den Krebs zu verhindern, der uns unsere Brüste und unser Leben kostet, sondern damit so getan werden kann, als seien unsere Brüste gar nicht verschwunden und als riskierten wir Frauen nicht unser Leben dabei.

Der Eingriff besteht im Einschieben von Silikon-Gel-Kissen (»Implantate«) unter die Brusthaut. Er geschieht gewöhnlich kurz nach der Brustamputation in Form einer neuerlichen Operation. Zu einem ungefähren Preis von 1.500 bis 3.000 Dollar (4300,- bis 8600,- DM) pro Einpflanzung (im Jahr 1978!) bedeutet dies ein lukratives Geschäft für die Krebs- und schönheitschirurgische Industrie in diesem Land. Es gibt inzwischen »plastische Chirurgen«, die anläßlich einer Brustamputation gleich auch die Abnahme der anderen Brust empfehlen, selbst wenn es keinen offenkundigen medizinischen Grund dafür gibt.

Es ist wichtig, bei einer geplanten subkutanen Mammaablatio* die gleichzeitige Abnahme beider Brüste zu planen ... Es ist äußerst schwierig, den gewünschten Grad von Symmetrie unter diesen Umständen mit einer einseitigen Prothese zu erreichen.

R.K. Snyderman, M.D.
in: »What The Plastic Surgeon Has To Offer In The Management Of Breast Tumors« (»Was der plastische Chirurg im Umgang mit Brusttumoren zu bieten hat«)

In demselben Aufsatz, der in *Early Breast Cancer, Detection and Treatment* (Frühstadien von Brustkrebs, Erkennung und Behandlung), herausgegeben von Stephen Gallegher, M.D., erschienen ist, schreibt der Autor:

---

*Brustamputation

> Die Unternehmen arbeiten mit uns zusammen.
> Sie werden Prothesen in praktisch jeder von uns
> gewünschten Form herstellen. Denken Sie dar-
> an, daß das, was wir für die Rekonstruktion der
> weiblichen Brust tun, keinesfalls ein kosmeti-
> scher Triumph ist. Unser Ziel ist es, *Frauen zu*
> *erlauben, mit Kleidern anständig auszusehen.*
> (Hervorhebung von A.L.) ... *Das Ziel ist, daß*
> *die Patientin normal und natürlich aussieht,*
> *wenn sie Kleider anhat.*

Ist es wohl Zufall, daß die »plastischen« Chirurgen, die das
meiste Interesse daran haben, für die Brustrekonstruktion
zu werben, und die sich am meisten mit den oberflächlichen
Aspekten der weiblichen Brust befassen, die Sprache sexisti-
scher Schweine sprechen? Zufall oder Methode?

Die Amerikanische Krebsgesellschaft (American Cancer Society, ACS), unterstützt diese Praxis zwar nicht offen, aber
sie tut auch nichts, um einen ausgewogeneren Standpunkt
hinsichtlich der Gefahren der Rekonstruktion vorzulegen.
In einem Bericht über ein Brustrekonstruktions-Symposium
der Amerikanischen Gesellschaft für Plastische und Rekonstruktionschirurgen (American Society of Plastic and Recon-
structive Surgeons) gab die ACS-Zeitschrift *Cancer News*
(Krebsnachrichten) im Frühjahr 1978 folgenden Kommentar ab:

> *Eine Brustrekreation wird nicht zu einer perfek-*
> *ten Kopie der verlorenen Brust führen, aber sie*
> *wird es vielen Frauen mit einer Mammaablatio*
> *ermöglichen, einen normalen Büstenhalter oder*
> *Bikini zu tragen.* (Hervorhebung A.L.)

Also selbst für den Herausgeber der *Cancer News* der Amerikanischen Krebsgesellschaft gilt, daß eine Frau, die sich
dem Schrecken von Brustkrebs gegenüber gesehen und ihn
– für welchen Zeitraum auch immer – besiegt hat, sich in

erster Linie dafür interessieren sollte, ob sie einen *normalen Büstenhalter oder Bikini* tragen kann. Mit unglaublichem Zynismus berichtet ein Schönheitschirurg, daß er bei Patientinnen mit geringer Überlebenschance *zwei Jahre wartet, bevor er das Silikon-Gel in ihren Körper einpflanzt.* Ein anderer Chirurg fügt hinzu:

Selbst wenn die Patientin eine geringe Überlebenschance hat, wünscht sie sich eine *bessere Lebensqualität.* (Hervorhebung von A.L.)

In seinen Augen erreicht sie diese bessere Lebensqualitiät offensichtlich nicht dadurch, daß sie lernt, mit ihrem Leben und Sterben und ihrer eigenen, persönlichen Macht umzugehen, sondern dadurch, daß sie einen »normalen« BH trägt. Die Brustkrebschirurgen, die gegen die von der Amerikanischen Gesellschaft für Plastische und Rekonstruktionschirurgen angepriesene kosmetische Rekonstruktion sind, äußern sich meist nicht dazu oder unterstützen diese Praxis stillschweigend durch ihre Einstellung gegenüber den von ihnen behandelten Frauen.

In einem speziellen Tagesschau-Bericht der Fernsehanstalt CBS* im Oktober 1978 sprach sich ein einziger Arzt gegen den Gebrauch von Silikon-Gel-Implantaten aus, weil die Einpflanzung ein möglicherweise krebserzeugender Eingriff sei. Aber auch er sprach von Frauen, als sei ihr Aussehen gleichbedeutend mit ihrem Leben. »Es ist wirklich ein Jammer«, sagte er, »wenn eine Frau gezwungen ist, zwischen ihrem Leben und ihrer Feminität zu wählen.« In anderen Worten: mit einem Silikon-Kissen unter der Haut erhöht sich sehr wohl das Risiko einer Frau, an einem neuen Krebs zu sterben, aber ohne das Implantat ist sie, laut diesem Arzt, nicht »feminin«.

---

*Columbia Broadcasting System, eine der größten Rundfunk- und Fernsehanstalten der USA.

Während die »plastische« Chirurgie im Dienst »normaler Büstenhalter und Bikinis« betont, das vermehrte Neuauftreten von Krebs nach einer Brustrekreation sei nicht erwiesen, hat Dr. Peter Pressmann, ein angesehener Brustkrebschirurg am Beth Israel Medical Center in New York, einige ausgezeichnete Gedanken dazu abgegeben. Silikon-Gel-Implantate sind bereits ausreichend oft in nicht-bösartigen Fällen von Brustvergrößerung zur Anwendung gekommen, um sagen zu können, daß das Material in sich und aus sich selbst heraus wahrscheinlich nicht krebserzeugend ist. Dennoch wirft Dr. Pressman zu diesen Einpflanzungen in Folge von Brustkrebs eine Anzahl Fragen auf, die noch auf eine Antwort warten.

1. Bisher hat es keine breitangelegten Untersuchungen mit speziell dafür ausgewählten Kontrollgruppen von Frauen mit einer Brustrekreation in Folge einer Mastektomie gegeben. Daher können wir beim besten Willen keine ausreichenden Statistiken zur Verfügung haben, um zu zeigen, ob die Rekreation einen negativen Einfluß auf das Wiederauftreten von Brustkrebs hat.
2. Es ist möglich, daß die für das Einsetzen der Prothese nötige Zusatzoperation Krebszellen zum Wachstum anregen könnte, die sich andernfalls ruhig verhalten würden.
3. Im Fall des Wiederauftretens von Brustkrebs kann der neue Tumor durch die physische Präsenz der unter die Haut eingepflanzten Prothese verborgen bleiben. Wenn das Brustwarzen- und Hautgewebe für eine spätere »Rekonstruktion« aufbewahrt wird, können winzige, in diesem Gewebe versteckte Krebszellen unbemerkt bleiben.

Jegliche Information über die Vorsorge oder Behandlung von Brustkrebs, die die verbrieften Interessen des medizinischen Establishments gefährden könnte, ist in diesem Land schwer erhältlich. Nur durch regelmäßiges, genaues Verfolgen diverser nicht-etablierter Informationsquellen, wie zum

Beispiel alternativer oder Frauenzeitschriften, kann ein Bild von neuen Möglichkeiten der Vorsorge und Behandlung von Brustkrebs entstehen.

Diese Geheimniskrämerei wird hauptsächlich von der Amerikanischen Krebsgesellschaft aufrechterhalten, die zur »lautesten Stimme des Krebs-Establishments« [1] geworden ist. Die Amerikanische Krebsgesellschaft ist die größte philantropische Einrichtung der Vereinigten Staaten und der größte nicht-kirchliche Wohlfahrtsverband. Peter Chowka zeigt, daß das National Information Bureau, eine Wohlfahrts-Überwachungseinrichtung, die Amerikanische Krebsgesellschaft zu den Gruppen zählt, die ihren Wohlfahrtsansprüchen nicht genügen. Im letzten Jahrzehnt hat die Amerikanische Krebsgesellschaft über 1 Milliarde Dollar (über 3 Milliarden DM) von den amerikanischen Bürgern eingenommen.[2] 1977 erreichte sie eine Überschußbilanz von 176 Millionen Dollar (ca. 500 Millionen DM), aber nur 15% davon wurden für die Krebspatienten-Beihilfe ausgegeben.[3]

Jede ganzheitliche Annäherung an das Krebsproblem wird von der Amerikanischen Krebsgesellschaft mit Mißtrauen und Beunruhigung verfolgt. Sie hat sich konsequent auf die Krebsbehandlung statt die Vorsorge konzentriert, und obendrein auf diejenigen Behandlungsmethoden, die den Segen der konservativsten Zweige der westlichen Medizin besitzen. Wir leben in einer Profitwirtschaft und aus der Krebsvorsorge ist kein Profit zu ziehen; Profit steckt einzig in der Krebsbehandlung. 1976 gingen 70% des Forschungsbudgets der Amerikanischen Krebsgesellschaft an Individuen und Institutionen, die mit Vorstandsmitgliedern der Amerikanischen Krebsgesellschaft zu tun hatten.[4] Und von den 194 Vorstandsmitgliedern ist einer Gewerkschaftsvertreter und einer ist Schwarz. Von Frauen ist gar nicht erst die Rede.

Ursprünglich war die Amerikanische Krebsgesellschaft zu dem Zweck gegründet worden, sich für neue Forschungsarbeiten über die Ursachen und Heilungsmöglichkeiten von

Krebs einzusetzen. Aber dadurch, daß sie neue Therapien in Verruf bringt, ohne sie zu testen, gibt die Amerikanische Krebsgesellschaft einen Großteil ihres Restbudgets für die Unterdrückung neuer, unkonventioneller Ideen und Forschungen aus.[5] Untersuchungen aus anderen Ländern haben jedoch interessante Ergebnisse von Behandlungsmethoden vorgewiesen, die die Amerikanische Krebsgesellschaft großzügig übersieht. Die europäische Medizin berichtet von hoffnungsvollen Experimenten mit Immunotherapie, Diäten und Behandlung mit Hormonen und Enzymen wie beispielsweise Trypsin.[6] Durch Totschweigen und politische Repression von Seiten der medizinischen Fachzeitschriften des Establishments werden zahlreiche lebenswichtige Informationen über Brustkrebs im Untergrund gehalten und den Frauen, deren Leben am meisten davon betroffen ist, vorenthalten. Doch selbst in den USA fechten Kliniken – mit unterschiedlichem Erfolg – alternative Kämpfe gegen den Krebs und das Ärzte-Establishment aus.[7]

Die Häufigkeitsrate von Brustkrebs nimmt ständig zu, und jede Frau sollte ihr Informationsarsenal bestücken, indem sie sich mit diesen Gebieten der »Untergrund-Medizin« befaßt. Wer sind ihre Anführer und Verfechter und welche Qualifikation besitzen sie? Und vor allem: welche Erfolgsquote haben sie in der Eindämmung von Brustkrebs [8], und warum sind diese Informationen nicht allgemein bekannt? Die Sterblichkeitsrate bei traditionell behandeltem Brustkrebs hat sich in über 40 Jahren nicht gesenkt.[9] Die Amerikanische Krebsgesellschaft und ihr Partner in der Regierung, das National Cancer Institute (Nationales Krebsinstitut), haben notorisch gleichgültig, wenn nicht gar feindlich auf die Überlegung reagiert, daß es allgemeine Umweltursachen für Krebs gibt und daß Regulierungs- und Vorsorgemaßnahmen erforderlich sind.[10] Da das amerikanische Ärzte-Establishment und die Amerikanische Krebsgesellschaft entschlossen sind, jede von westlichen medizinischen Vorurteilen unabhängige Krebsinformation zu unterdrücken –

gleichgültig, ob sie sich letztlich als nützlich erweist oder nicht – müssen wir selbst dies Schweigen brechen und auf aggressive Weise Antworten auf unsere Fragen zu den neuen Therapien suchen. Außerdem müssen wir die unvermeidlichen, offenkundigen Hinweise auf die Ernährungs- und Umweltaspekte der Krebsvorsorge genau verfolgen.

Krebs ist nicht einfach eins der unvermeidlichen degenerativen Leiden im Zuge des Altersprozesses. Er hat bestimmte, identifizierbare Ursachen, und dazu zählt in erster Linie die Einwirkung chemischer oder physischer Schadstoffe in unserer Umwelt.[11] In der medizinischen Literatur finden sich zunehmend Beweise dafür, daß Brustkrebs ein chronisches und systematisches Leiden ist. Brustamputierte Frauen müssen sich verschärft der Tatsache bewußt sein, daß wir entgegen der »Blitz aus heiterem Himmel«-Theorie diejenigen Frauen sind, in deren Körpern sich mit größter Wahrscheinlichkeit ein weiterer Krebstumor entwickelt.[12]

Jede Frau trägt die militante Verantwortung dafür, sich aktiv für ihre eigene Gesundheit einzusetzen. Wir schulden uns selbst den Schutz aller erreichbaren Informationen sowohl über die Behandlung von Krebs und seine Ursachen als auch über die neuesten Forschungsergebnisse über Immunologie und Ernährung, Umwelteinflüsse und Streß. Und wir schulden uns diese Informationen, *bevor* wir möglicherweise Grund haben, sie anzuwenden.

Es war ungemein wichtig für mich, nach meiner Brustamputation mein eigenes Machtbewußtsein zu entwickeln und zu verstärken. Ich mußte meine Energien in der Weise sammeln, daß ich imstande war, mich selbst als Kämpferin zu sehen, die Widerstand leistet, und nicht als passiv leidendes Opfer. Die ganze Zeit über schien es mir entscheidend, mich ganz bewußt zum Überleben zu verpflichten. Es ist körperlich wichtig für mich, mein Leben zu lieben, statt um meine Brust zu trauern. Ich glaube, ich verdanke es dieser Liebe zu meinem Leben und zu mir selbst sowie der sorgsamen Pflege dieser Liebe durch Frauen, die mich lieben und unterstützen, daß ich mich so schnell und gut von den Auswirkungen der Brustamputation erholt habe. Aber es braucht einen klaren Unterschied zwischen dieser selbst-bestätigenden Aussage und der lächerlichen Phrase: »die Sonnenseite des Lebens sehen.«

»Die Sonnenseite des Lebens sehen« ist ein Euphemismus, der genauso wie oberflächliche Spiritualität dazu dient, gewisse Realitäten zu verschleiern, deren unverhohlene Betrachtung sich als bedrohlich oder gefährlich für den Status quo erweisen könnte. Letzte Woche las ich in einem Medizinerblatt den Brief eines Arztes, der sagte, kein wirklich glücklicher Mensch bekäme Krebs. Trotz besseren Wissens und obwohl ich mich mit diesem »Das Opfer ist schuld«-Denken schon seit Jahren auseinandersetze, erweckte dieser Brief schlagartig einen Moment lang mein Schuldbewußtsein. Hatte ich mir wirklich das Verbrechen zuschulden kommen lassen, nicht glücklich zu sein in dieser besten aller möglichen Höllen?

Die Idee, die Krebspatientin sollte sich selbst Vorwürfe wegen ihres Tumors machen – so als sei irgendwie alles ihre Schuld, weil sie nicht ständig die richtige psychologische Einstellung hatte, um den Krebs zu vermeiden –, ist eine ungeheuerliche Verdrehung des Gedankens, daß wir unsere seelischen Kräfte mit zu unserer Heilung nutzen können. Diese Schuldzuweisung, in die viele Krebspatienten hineingezogen werden (Siehst du, du mußt dich doch schämen: du hättest es nämlich verhindern können mit nur etwas mehr...) ist eine Erweiterung des »Das Opfer ist schuld«-Syndroms. Es trägt nichts zur Mobilisierung unserer psychischen Abwehrkräfte gegen die sehr realen Formen von Tod bei, von denen wir umgeben sind. Es ist leichter, zu verlangen, wir sollten glücklich sein, als die Umwelt zu entgiften! Die Bereitschaft, Illusion und schönen Schein für bare Münze zu nehmen, ist ein weiteres Symptom derselben Weigerung, die Realitäten unseres Lebens zu sehen und zu analysieren. Suchen wir lieber »Freude« statt wertvolle Nahrung und saubere Luft und eine gesündere Zukunft auf einer lebensfähigen und lebenswerten Erde! Als könnte pures Glücklichsein uns vor den Folgen des Profit-Wahnsinns bewahren!

War es also falsch, so hart gegen die Unterdrückung von Frauen und Schwarzen zu kämpfen? War es ein Fehler, mich gegen unsere schweigsame Passivität und gegen den Zynismus einer mechanisierten, unmenschlichen Zivilisation auszusprechen, die unsere Erde und die auf ihr lebenden Menschen zerstört? Habe ich wirklich die Ausbreitung von radioaktiver Energie, Rassismus, Frauenschlächterei, chemischer Nahrungsvergiftung, Umweltverschmutzung, Mißbrauch und seelischer Zerstörung unserer Kinder bekämpft, nur um meiner dringendsten und vornehmsten Verantwortung auszuweichen: glücklich zu sein? In dieser schrecklichen Zeit, in der kleine Mädchen immer noch zwischen den Beinen zugenäht werden; in der krebskranke Frauen in ein noch höheres Krebsrisiko getrieben werden, um für Männer attraktiv zu sein; in der zwölfjährige Schwarze Jungen auf der Straße wahllos von uniformierten Männern niedergeschossen werden, die sich keines Vergehens schuldig erklären; in der alte ehrbare Bürger in Mülltonnen nach Nahrung suchen – wobei Medienmärchen und Lobotomie* zunehmend die Antwort auf all dies sind; in dieser Zeit, in der grausame Morde an Frauen von einer Küste zur anderen nicht einmal mehr eine Zeile in der *New York Times* wert sind; in der Förderungsmittel zur Schulung geistig behinderter Kinder zugunsten weiterer Milliarden-Dollar-Flugzeuge gestrichen werden; in der 900 Menschen lieber einen Massenselbstmord begehen, als in amerika zu leben – wobei uns gesagt wird, es sei der Job der Armen, die Inflation einzudämmen: Welches menschliche Ungeheuer könnte dabei wohl ständig glücklich sein?

*Chirurgischer Eingriff in die Gehirnsubstanz.

(1984)

Die einzig wirklich glücklichen Menschen, die mir bekannt sind, sind diejenigen unter uns, die gegen diese Tode mit der ganzen Energie ihres Lebens ankämpfen und das fundamentale Unglück erkennen, von dem wir umgeben sind, während sie/wir gleichzeitig darum kämpfen, nicht darin unterzugehen. Aber wenn es tatsächlich das einzige Geheimnis eines körperlich gesunden Lebens in amerika ist, perfektes Glück zu finden und aufrechtzuerhalten, dann ist es ein Wunder, daß wir nicht alle an einer bösartigen Gesellschaft sterben! Selbst der glücklichste Mensch in diesem Land kann es nicht vermeiden, Zigarettenrauch, Autoabgase oder Chemiestaub einzuatmen, Wasser zu trinken oder zu essen. Die Vorstellung, Glück könne uns vor den Folgen unseres Umwelt-Wahnsinns bewahren, ist ein von unseren Feinden ausgestreutes Gerücht zum Zweck unserer Zerstörung. Denn welche über 15 Jahre alte farbige Frau in amerika müßte nicht in dem Bewußtsein leben, daß das Gewebe unserer täglichen Existenz von Gewalt und Haß durchstochen ist, und könnte so naiv sein, nicht zu sehen, daß Realität Zerstörung heißen kann? Zerstört werden wir gleichermaßen durch künstliches Glück wie durch künstliche Brüste wie durch die passive Hinnahme verlogener Werte, die unser Leben korrumpieren und unsere Erfahrung verfälschen.

Der Gedanke, eine Brust zu verlieren, war vor der Amputation viel traumatischer für mich als hinterher, aber es hat trotzdem Zeit und die liebevolle Unterstützung anderer Frauen gebraucht, bis ich meinen veränderten Körper wieder ansehen und mit derselben Wärme lieben konnte wie vorher. Aber ich habe es geschafft. In der zweiten Woche nach der Operation, in einer jener nächtlichen Folgen von abgebrochenem Schlaf, Träumen und Körperübungen, Schmerzen, bewußter Wahrnehmung meiner Angst um mein Leben und Trauer um meine Brust, schrieb ich in mein Tagebuch:

Im Hinblick auf den Zeitdruck möchte ich jetzt sagen, daß ich alles darum gäbe, es auf andere Weise geschafft zu haben – wobei »es« die Geburt einer einzigartig überlebenswerten – oder überlebenswirksamen – Perspektive ist. Oder ich würde alles darum geben, keinen Krebs zu haben – und meine schöne Brust dahin, zusammen mit meiner Liebe zu ihr! Aber ich muß es gleich wieder einschränken, denke ich, denn einige Dinge würde ich wohl doch nicht geben. Mein Leben vor allem, sonst hätte ich mich gar nicht erst für die Operation entschieden, was ich aber habe. Frances würde ich nicht geben, und auch nicht die Kinder und nicht einmal eine einzige der Frauen, die ich liebe. Ich würde das Dichten nicht aufgeben, und ich glaube, genau besehen würde ich auch weder meine Augen noch meine Arme geben. Daher muß ich wohl aufpassen, daß das, was mir im Hinblick auf den Zeitdruck als vordringlich erscheint, auch das wiederspiegelt, was eigentlich von vorrangiger Bedeutung für mich ist.

Manchmal kommt es mir vor, als sei ich die Beute in einer Schlacht zwischen Gut und Böse, gerade jetzt, oder als stünde ich in diesem Kampf auf beiden Seiten gleichzeitig und wäre mir nicht einmal des Ergebnisses oder der Bedingungen sicher. Aber manchmal kommt mir, so wie gerade jetzt, die Frage in den Sinn: Was würdest du wirklich geben? Und selbst wenn ich nur mit dem Gedanken spiele, habe ich das Gefühl, ich könnte einen schrecklichen, tragischen Irrtum begehen, wenn ich nicht beständig meinen Kopf klar halte und meiner Prioritäten sicher bin. Es ist, als würde der Teufel tatsächlich versuchen, meine Seele zu kaufen – und ich tue

*so, als machte es nichts aus, wenn ich ja sage,
weil doch jeder Mensch weiß, daß es ihn gar
nicht gibt! Aber ich weiß es nicht. Und ich glaube ganz und gar nicht, daß dies alles ein Traum
ist, und nein, ich würde die Liebe nicht aufgeben.*

*Vielleicht ist dies die Gelegenheit, die Dinge zu
leben und auszusprechen, an die ich wirklich
glaube: daß Macht dadurch entsteht, daß ich
mich gerade auf das einlasse, wovor ich am meisten Angst habe und was unvermeidlich ist.
Aber werde ich je wieder stark genug sein, um
meinen Mund aufzumachen, ohne daß mir ein
Schrei rohen Schmerzes entfährt?*

Ich glaube, ich kämpfte um meine Seele mit dem Teufel der
Verzweiflung in mir selbst.

Als ich diesen Text zu schreiben begann, bin ich noch einmal die Bücher durchgegangen, die ich im Krankenhaus gelesen hatte, bevor ich mich für die Amputation entschied.
Ich stieß auf Bilder von Frauen mit nur einer Brust und Am-
putationsnarben und erinnerte mich, wie mir vor der Operation vor diesen Bildern gegraut hatte. Jetzt schienen sie mir
überhaupt nicht mehr fremd oder beängstigend. Von Zeit
zu Zeit fehlt mir meine rechte Brust, ihre Wirklichkeit, ihre
Gegenwart, mit einem tiefen, bohrenden Bedauern über den
Verlust. Aber in derselben Weise und genauso selten bedau-
ere ich es, nicht mehr 32 zu sein, während ich gleichzeitig
weiß, daß ich gerade durch den Verlust, um den ich trauere,
etwas gewonnen habe.

Unmittelbar nach der Operation hatte ich das Gefühl, ich
würde es niemals ertragen können, wie sehr ich die wunderbare Quelle sexueller Lust, die ich mit meiner rechten Brust
verband, vermißte. Dies Gefühl ist vollständig vergangen,
seit mir klar wurde, daß diese Quelle des Fühlens in mir
selbst liegt. Ich allein besitze meine Gefühle. Ich kann dieses

Gefühl niemals verlieren, denn es gehört mir; es kommt aus mir. Ich kann es hängen, woran ich will, denn meine Gefühle sind ein Teil meiner selbst – mein Kummer wie meine Freunde.

Ich hätte mir diesen Weg niemals freiwillig ausgesucht, aber ich bin froh, daß ich bin, wer ich bin, und daß ich hier bin.

30. März 1979

ANMERKUNGEN

1 Chowka, Peter, »Checking Up On The ACS.« *New Age Magazine*, April 80, S. 22.
2 A.a.O.
3 Epstein, Samuel, *The Politics of Cancer*. Anchor Books, New York, 1979, S. 456.
4 A.a.O.
5 Chowka, Peter, S. 23.
6 Martin, Wayne, »Let's Cut Cancer Deaths in Half.« *Let's Live Magazine*, August 1978, S. 356.
7 Null, Gary, »Alternative Cancer Therapies.« *Cancer News Journal*, Bd. 14, Nr. 4, Dezember 1979. (International Association of Cancer Victims and Friends, Inc. publication.)
8 A.a.O., S. 18.
9 Kushner, Rose. *Breast Cancer*, Harcourt, Brace & Jovanovitch, 1975, S. 161.
10 Epstein, Samuel, S. 462.
11 A.a.O., S. XV-XVI.
12 Kushner, Rose, S. 163.

BIBLIOGRAPHIE
DER WICHTIGSTEN WERKE VON AUDRE LORDE

Gedichte:

The First Cities, New York: Poets Press, 1968
Cables to Rage, London: Breman, 1970
From A Land Where Other People Live, Detroit: Broadside Press, 1973
Coal, New York: W.W. Norton, 1976
New York Headshop and Museum, Detroit: Broadside Press, 1974
Between Ourselves, Point Reyes: Eidolon Edition, 1976
The Black Unicorn, New York: W.W. Norton, 1978
Chosen Poems, Old and New, New York: W.W. Norton, 1982

Prosa:

Uses of the Erotic: The Erotic As Power, New York: Out & Out Press, 1970
The Cancer Journals, Argyle, N.Y.: Spinsters, Ink, 1980
Zami: A New Spelling of My Name, Trumansburg, N.Y.: The Crossing Press, 1983, (1. Ausgabe Persephone Press, 1982)
Sister Outsider, Trumansburg, N.Y.: The Crossing Press, 1984

Beeindruckt und betroffen lege ich das Krebstagebuch von Audre Lorde aus der Hand, in dem ihr letzter Abschnitt in mir nachklingt: ».. .unmittelbar nach der Operation hatte ich das Gefühl, ich würde es niemals ertragen können, wie sehr ich die wunderbare Quelle sexueller Lust, die ich mit meiner rechten Brust verband, vermißte. Dies Gefühl ist vollständig vergangen, seit mir klar wurde, daß diese Quelle des Fühlens in mir selbst liegt. Ich allein besitze meine Gefühle. Ich kann dieses Gefühl niemals verlieren; denn es gehört mir; es kommt aus mir. Ich kann es hängen, woran ich will, denn meine Gefühle sind ein Teil meiner selbst – mein Kummer wie meine Freude. Ich hätte mir diesen Weg niemals freiwillig ausgesucht, aber ich bin sehr froh, daß ich bin, wer ich bin, und daß ich hier bin. 30. März 79.«

Als Brustamputierte und seit Jahren Aktive in der Krebsselbsthilfe habe ich im Laufe der Jahre verschiedene Selbstdarstellungen von Frauen mit Brustkrebs gehört und gelesen. Oft habe ich mich nicht mit ihnen identifizieren können, weil es »Fritz Zorns«* waren. Nur intellektuelle Auseinandersetzungen mit der Krankheit und Schuldsuche – Aufzeigen gelernter Muster, nichts eigenes – das wirkliche *Getroffensein* habe ich vermißt als den tiefen Schmerz einer Frau, die ihre Brust hergeben und sich mit dem Tod auseinandersetzen mußte.

Eben wohl daher engagiert mich Audre Lordes Buch besonders: es verbindet die Philosophie einer Persönlichkeit mit dem Fühlen und Ausdrückenkönnen des *großen* Schmerzes. Sie findet die Worte, die *jede* Frau ansprechen müssen – die Betroffenen besonders und die, die es morgen sein werden - ob schwarz oder weiß; ob hetero- oder homosexuell, ganz gleich, wo sie stehen und kämpfen!

*Fritz Zorn: »Mars«

Von mir ist zu berichten, daß ich durch einen Unfall mehr oder weniger mit meinem Unterleib zu tun hatte. Daß meiner Brust etwas zustoßen könnte, hätte ich nie gedacht. Sie war klein, fest und sehr schön. Bei meinem ersten Kind stellte sich nach drei Wochen Stillen eine schmerzhafte Brustdrüsenverhärtung ein; ich war auf dem Lande evakuiert und ging damit nicht zum Arzt. Sie war hochfieberhaft, aber bildete sich mit Verlust der Muttermilch langsam von allein zurück. Leider habe ich mir nicht gemerkt, in welcher Brust sich das abgespielt hatte.

Mit 50 Jahren bekam ich, durch meinen Beruf im medizinischen Labor bedingt, eine B-Hepatitis (Übertragung durch infektiöses Blut) mit einem Schweregrad und langer Rekonvaleszenzzeit. Die Abwehrkräfte schienen am Boden zu sein. Und ein Jahr nach Ausbruch meiner Hepatitis hatte ich mein Mamma-Ca (Brust-Krebs). Da mir meine Leber genug zu schaffen machte, war ich durch sie abgelenkt und versäumte meinen Vorsorgehalbjahrestermin. Als ich dann nach 12 statt nach sechs Monaten eine hier bekannte Vorsorgeärztin aufsuchte, stellte diese einen bereits hühnereigroßen Tumor rechts außen mit schon tastbaren Achsellymphknoten fest. Ich verzichtete auf die Mammographie und begab mich drei Tage später unter das Messer. Der schnell gewachsene Tumor war maligne (bösartig) und alle Achsellymphknoten bereits befallen.

Was ich fühlte und dachte: es sind fast 14 Jahre her. Aber nun, da ich Audres Tagebuch in der Hand halte, kommt wieder alles auf mich zu, und ich meine, daß ich mich mit ihrem Denken und Fühlen in diesen ersten Tagen identifizieren kann.

Damals war Krebs tabu. Man sprach nicht darüber – es hatte etwas von »Aussatz«; und hat es bei vielen noch heute! Ich war mit meinem Leid aufgehoben in der liebenden Geborgenheit meiner Kinder und meines Freundes. Durch meinen Beruf – ich hatte meistens im Zusammenhang mit der Krankheit Krebs gearbeitet – konnte ich selbst Initiative ergreifen. Und *genau* das tat mir gut: das Beschäftigen mit der Krankheit, mit der Ernährung, das Suchen nach möglichen Therapieformen und neuen Ärzten. Ich glaube, das half die große Angst abzubauen! Wenngleich der Tag in Zuversicht und Klarheit verbracht wurde, verkroch sich immer noch ein Zipfel der großen Angst in die Dunkelheit der Nacht und spukte als bange Träume und halbwache Visionen umher. Den Ansatz zur Ichfindung meines Lebens brachte mir – im Gegensatz zu vielen anderen – der Krebs nicht. Das geschah bereits in meinem 17. Lebensjahr bei einer meist tödlich verlaufenden Erkrankung. Es hatte in meinem früheren Leben schon mehrmals Situationen gegeben, die Gratwanderungen zwischen Leben und Tod bedeuteten. Gefährliche Situationen – so man sie übersteht – haben den einen herrlichen Moment der Erlösung, der überwältigend schön ist und Fähigkeiten auslöst, das Leben neu zu lieben und seine kleinen Freuden bewußter zu erleben als bisher.

1970 hatte die Schulmedizin nach Brustoperationen nur Bestrahlungen anzubieten. Ich bin heute froh, daß ich mich dadurch nicht mit der Fragwürdigkeit des 20- bis höchstens 30%igen Erfolges der überaus giftigen Chemotherapie auseinander zu setzen brauchte! Bemüht hatte ich mich – und das erschien mir sehr wichtig – um wirklich optimale Qualität des Chirurgen, der Bestrahlungsabteilung und der Nachbehandlung! Ein Viertel Jahr lang erhielt ich täglich gezielte Tiefenbestrahlung. Ich wußte von vielen Patienten/innen, die während dieser Zeit zur Blutbildkontrolle zu mir kamen, über Erscheinungen von Übelkeit, Depressionen und starkem Krankheitsgefühl. Der erste Tag in dem verlassenen kahlen Bestrahlungsraum unter einem hängenden Riesenapparat war makaber. Als mich dieses unheimliche Gefühl des Ausgesetzt- und Verlassenseins beschlich, gedachte ich des Humors von Wilhelm Busch und erzählte mir das Gedicht »Es sitzt ein Vogel auf dem Leim, er flattert sehr und kann nicht heim. . .«

Außerdem bemühte ich mich für die folgende Zeit, eine gute

Beziehung zu dem über mir schwebenden Ungeheuer herzustellen.

Für ganz wichtig halte ich auch die liebende Zuwendung und Fürsorge von nahestehenden Menschen. Ich wurde von meinen Kindern und meinem Freund nicht allein gelassen und durfte nur zur Bestrahlung fahren, schlafen, essen, mich wohlfühlen und wieder schlafen. Ich befand mich in einer Atmosphäre von Hoffnung und Zuversicht.

Alle von meinen Patienten in gleicher Situation erfahrenen Leiden hatten sich an mir nicht ausgewirkt.

Nach der 50. Bestrahlung bat ich meinen Arzt um eine stationäre Einweisung in die ganzheitsmedizinisch geführte Ringbergklinik am Tegernsee. Ich war schon vorangemeldet und konnte sofort kommen. Dort nun erwarteten mich neue kleine Blessuren: Zähne ziehen, Mandeln entfernen, Kieferhöhlen operieren und wöchentlich ein Fieberstoß. Trotz der vielen Schwer- und Schwerstkranken herrschte in der Isselschen Ringbergklinik eine positive, nahezu heitere Atmosphäre. Nach sechs Wochen wurde ich in bester physischer wie psychischer Verfassung nach Hause entlassen, wo man mich kaum wiedererkannte. Im ganzen war ich 16 Monate krankgeschrieben und ließ es gerne geschehen. Ich wußte nicht, ob ich zu den 35% brustkrebsoperierten Frauen gehörte, die überleben durften. So genoß ich diese 16 Monate sehr, mich treiben lassen können, Reisepläne schmieden können und nie früh aufstehen müssen!

Wieder im Arbeitsprozeß sorgte ich für einen 6-Stundentag. Zwar hat das meine Rente erheblich herabgesetzt, aber ich wollte mich nicht für eine höhere Rente abplagen, die ich vielleicht niemals genießen könnte.

In den folgenden Jahren blieb ich mit Dr. Issels in Verbindung und setzte seine Behandlung mindestens acht weitere Jahre fort. Fünf Jahre nach der Operation schwollen mein rechter Arm, Gelenk und Hand stark an: Ein Lymphödem zeigte sich mit allen unangenehmen Begleiterscheinungen. Ich hatte trotz Bemühungen durch vernünftige Ernährung, auf die ich schon vor dem Krebs geachtet hatte, biologische Behandlungsweisen und Vermeidung von Streß nur noch sehr wenig Abwehrkräfte, die sich aber nur physisch auswirkten auswirkten. Die fieberhafte Wundrose (Erysipel bis 41°C Fieber), die manche Ödemkranke niemals bekommen und andere immer wieder, setzte mir in den kommenden Jahren an meinem rechten Arm recht zu. Vier Jahre Ödemarm, in denen mir keiner helfen konnte, wurden so gut wie beendet durch die damals neuen Kliniken für Lymphologie (Földi-Kuhnke-Asdonk) im Hohen Schwarzwald. Der erste stationäre Aufenthalt nach sieben schweren Erysipelschüben erleichterte meinen Arm um 76 % Flüssigkeit. Seitdem steht er unter ständiger Spezialbehandlung; die Schwellung ist minimal, und die Wundrosen treten nur noch in großen Abständen auf.

Ich war nach meiner Operation 51 Jahre alt, gehöre nicht zur Pillengeneration und kenne somit alle schrecklichen Ängste vor dem Ausbleiben der Menses. Sie waren imstande, die Freiheit des Sichliebens, die sexuelle Lust beträchtlich einzudämmen. In dem Alter nach dem Klimakterium konnte die Freude an der Sexualität erheblich gesteigert werden, weil die Angst vor der Schwangerschaft wegfiel. Nach dem Krebstod eines langjährigen Freundes konnte ich mich mit 49 Jahren noch einmal richtig verlieben und ging eine – örtlich weit auseinanderliegende – Partnerschaft ein. Wir waren beide berufstätig und verbrachten jedes Jahr unseren Urlaub zusammen, verreisten und besuchten uns zu Hause. Durch diese Art Leben, die uns die örtliche Trennung auferlegt hatte, begegneten wir uns immer wieder neu verliebt.

Während meiner beiden schweren Krankheiten (Hepatitis und Krebs) hatte ich aus der Ferne einen fürsorglichen Partner, der ständig durch Briefe und Telefonate mit mir in Verbindung stand. Als ich in der Ringbergklinik weilte, kam er von weit her, um mich zu sehen. Bedenken, die schon vor der Krankheit aufkamen, hinsichtlich unserer verschiedenen Mentalität wurden nun durch sein Besorgtsein wieder in den Wind gestreut. Und hätte ich als 51-jährige Frau den Mut gehabt, mich auf eine neue Partnerschaft einzulassen? Nein, es war ohnehin schon für eine feministisch eingestellte und anspruchsvolle Frau überaus schwer und eigentlich hoffnungslos, Männerbeziehungen einzugehen!

Ein Jahr nach unserem Wiedersehen am Tegernsee trafen wir uns wie eh und je an einem schönen Ort unter südlicher Sonne. Und ich war glücklich, daß ich nach meiner Krankheit und verlorenen Brust imstande war, ihm mit Herzklopfen zu begegnen. Mein Leben empfand ich als neu geschenkt – es war Spätsommer – ich war in meinem geliebten Süden, neben mir mein vertrauter Freund. . . ich freute mich, ich freute mich! Doch es sollte anders kommen. V. war verändert. Er benahm sich lieb und vertraut wie sonst, aber wie ein Bruder. Zuerst dachte ich, was soll der Unsinn und nahm es humorvoll – bis ich anfing, zu begreifen. Den Mann meiner Liebesbeziehung gab es nicht mehr. Ich war gehemmt, ihn zu fragen, was los sei. Als ich nach dem Urlaub nach Hause kam, schrieb ich ihm eine Nacht hindurch einen Brief. Ich fühlte mich als Frau verletzt und beleidigt, nach fast fünfjähriger Partnerschaft ohne eine Erklärung sexuell abgetan zu sein. Ich zog einen Schlußstrich und erhielt darauf postwendend nichts als einen Ausdruck des Tiefgekränktseins. Worauf ich nie mehr antwortete. Er hätte eine Aussprache herbeiführen und mir mitteilen müssen, was ihn zu der Veränderung unseres Verhältnisses bewegte, die natürlich mit meinem Brustkrebs zusammenhing. Die folgenden Monate waren hart für mich: Ich hatte für immer die Tür zu einer Verbindung zugeschlagen, die verändert bestehen geblieben wäre.

Zwei positive Erlebnisse taten mir jedoch bald nach dem Freund—Desaster wohl und haben mein lädiertes Frausein damals wieder gerade gerückt. Auf einer Reise lernte ich im Flugzeug einen Mann kennen, der beruflich oft in Berlin zu tun hatte. Nachdem wir uns hier einige Male getroffen hatten, kam das übliche Ansinnen, und ich offenbarte ihm, daß ich brustamputiert sei. Fast rechnete ich mit einer negativen Reaktion. Das Gegenteil trat ein. Er nahm sehr lieb meine Hand, schaute mich an und sagte mir mit warmem Mitgefühl, daß ihm das überhaupt nichts ausmachte. Kurz danach erlebte ich ähnliches mit einem viel jüngeren Libanesen, der in Berlin weilte, um seine Dissertation zu beenden. Als wir sommerabends in Dahlem spazierengingen und ich ihm von meiner Brustoperation erzählte, sagte er »Na und, das macht doch nichts, das ändert doch nichts«, stellte sich unter eine Laterne, sperrte den Mund auf und zeigte mir seine künstliche Gaumenplatte, die er vor acht Jahren durch einen Mundkrebs erhalten hatte.

Nach all den despotischen Typen meiner Generation waren jene beiden kurzen Männererlebnisse eine positive Erfahrung für mich – ich behalte sie in meiner Erinnerung. Trotzdem hatte ich mit meinem Liebesleben abgeschlossen. Anstatt meine Energien in neuen Männerbeziehungen zu vergeuden, wollte ich meine Kräfte in Zukunft nur noch für mich und meine Gesundheit verwenden. Ich glaube an die Sublimierung der Kräfte und bin ruhig und glücklich geworden.

Manchmal werde ich gefragt, wie man sich fühlt, wenn man schon mehrere Jahre als Krebskranke überlebt hat. Jeden Dezember registriere ich immer noch und wieder ein neues Lebensjahr, was mir geschenkt wurde. Mit der Zeit, langsam, wuchs eine Gelassenheit, mit der ich an hin und wieder unvermeidbare Kontrolluntersuchungen herangehe. Nach und nach stellte sich auch ein gewisses Vertrauen zu meinem Körper ein. Die vielen Infektionen und Entzündungen hatte er immer wieder gemeistert. . . geschwächt, aber glücklich fühle ich mich dann wie nach einer kleinen Schlacht.

Nieren- und Brustkrebs haben es an sich, daß sie noch nach vielen, z. B. 25 Jahren Metastasen hervorbringen können.

So weiß man nie, ob nur für kurz oder lang Waffenstillstand oder Ende ist. In diesem Zusammenhang gibt es Schreckschüsse, die nervend sind; wenn aber alles geklärt überstanden, ein neues Glücksmoment hervorrufen. Ich entsinne mich meines 5. Halswirbels (nach einem Erysipel wahnsinnig schmerzend) vor drei Jahren, als mir in einem Klinikum nach dem Knochenszintigramm eine junge Ärztin sagte: *Da ist was!* Das »ist was« zeigt sich noch heute auf dem Röntgenbild im 5. Halswirbel – kein Arzt kann es enträtseln. Was hatte es mich an Schmerzen und Angst gebeutelt – nun lebe ich schon friedlich 36 Monate mit ihm zusammen.

Wir werden niemals wieder – auch wenn wir lange überleben – die Alten sein. Wir werden andere sein. Viele alte Ängste wird es nicht mehr geben, weil sie uns nicht mehr erreichen. Vielleicht werden wir das Leben um einiges mehr lieben, und vielleicht werden wir Freuden entwickeln können, zu denen wir früher keinen Zutritt hatten.

MEINE ERFAHRUNG MIT SELBSTHILFEGRUPPEN

Nach meiner Ausbildung begann meine erste Tätigkeit in einem großen medizinisch-diagnostischen Labor. Der Chef des Instituts hatte in den 30er Jahren einen (Blut-) Krebstest entwickelt und war noch dabei, ihn an vielen Charitépatienten auf seine Aussagefähigkeit zu überprüfen. Nach dem Krieg arbeitete ich noch einmal in jenem, durch Kriegszerstörung weit verkleinerten Labor, das nun schon einen großen Ärztekundenkreis für den Krebstest aus Berlin und der BRD aufzeigen konnte. Ich lernte hier die Ganzheitsmedizin mit ihren Männern wie Buchinger, Zabel, Issels, Straßburg und Witting kennen und begann, mich für ihre Behandlungsmethoden zu interessieren.

In der folgenden Zeit meiner Berufstätigkeit hatte ich es oft mit Ärztinnen und Ärzten zu tun, die sich in Klinik und Praxis besonders mit dem Krebsproblem befaßten und ganzheitstherapeutisch arbeiteten. Dadurch war ich in der Lage, die speziellen Behandlungsweisen und ihre Medikamente zu verfolgen, was mir späterhin als Betroffene sehr zugute kam. So konnte ich im Laufe der Zeit viel lernen und eine vergleichende Übersicht über die verschiedenen Ansichten und Anwendungen auf dem Gebiet Krebs gewinnen. Hinzu besorgte ich mir diesbezügliche Literatur.

1978 regten mich erstmalig die sehr aktiven jungen Frauen des Feministischen Frauengesundheitszentrums an, meine Erfahrungen mit dem Krebs auszuwerten, Beratungen anzubieten und an die Initiierung einer Frauengruppe zu denken. 1980 kam die große Arbeit auf mich zu, hervorgerufen durch meinen Beitrag in der Courage Nr. 9 »Krebs«.

In Berlin hatte sich vorher eine erste Brustamputiertengruppe unter der Oberschwester einer Gynäkologieabteilung eines Klinikums gebildet. Für mich war es jetzt wichtig, daß Frauen auch mit anderen Krebsarten Zugang zu einer Gruppe bekamen. Im März 79 startete unser erster Gruppenabend mit sechs Frauen, und wir nannten uns »Gruppe krebskranker und gefährdeter Frauen im ganzheitsmedizininischen Sinne«.

Die sechs ersten Frauen hatten: Darmkrebs, Eierstockkrebs, eine Leukoplakie am Gaumen (Vorstufe von Krebs) und zweimal Brustkrebs. In den nächsten Jahren stellte ich fest, daß wir mehr Frauen mit Darmkrebs und Melanomen hatten als Brustamputierte; hinzu kamen Magenkrebs, Lungen- und Unterleibskrebs. Unter den jungen Frauen hatten wir am häufigsten Darmkrebs und Melanome (sehr bösartiger Hautkrebs), Magenkrebs- und Brustkrebshäufigkeit waren gleich, am seltensten Lungen- und Unterleibskrebs.

Als sehr hilfreich haben sich bei den Schreckschüssen und Angst-vor-Kontrolluntersuchungen-haben die inzwischen entstandenen Selbsthilfegruppen erwiesen. Man kann, auch wenn es nur telefonisch ist, der/dem anderen seine Ängste mitteilen. Man sitzt in einem Boot und wird sich über gleiche Sorgen immer verstehen, besser als unter Angehörigen, die auf die Dauer damit überfordert werden. Ein hoffnungsvoll ausgesprochenes Wort unter Betroffenen wird eher geglaubt und kann Zuversicht verbreiten. Nicht nur das Sorgenaustauschen, auch der Erfahrungsaustausch über Ärzte, Kliniken, Kurheime, Medikamente, andere Therapien usw. bedeutet ein wichtiges Moment. Die jungen Frauen sind offener und bereiter, an die Substanz ihres Lebens zu gehen und auch außerübliche Therapien auszuprobieren. Die älteren Frauen reagieren anders. Aber ich kenne viele ältere und alte krebskranke Frauen, die auf ihre Art tapfer den Alltag mit ihrer Krankheit meistern, ihr Leben in keiner Weise verändert haben und mit dem Krebs recht alt geworden sind.

Wenn Frauen Metastasen bekommen und uns eines Tages verlassen müssen, ist das schlimm – und *noch* schlimmer, wenn das häufig passiert! Dies ist die negative Seite einer Krebsgruppe! Manchmal kommen Frauen nicht wieder, weil sie das nicht verkraften oder noch nicht verkraften können. Für sie gibt es aber immer die Möglichkeit (auch durch die inzwischen entstandenen psychosozialen Beratungsstellen) zu Einzelgesprächen.

In der BRD bildeten Frauen seit längerem ein Netz von Krebs-Selbsthilfegruppen durch die Deutsche Krebshilfe. Berlin hat zur Zeit 15 Gruppen – darunter auch Männergruppen – *jeder* Art und Weise und dazu kommen die Bezirksämter, die eigene Gesprächsgruppen eröffnen. Vergessen sollen hier auch nicht die verdienten Frauen und Männer sein, die seit Jahren Besuche am Krankenbett Frischoperierter unternehmen. Sie haben es nicht leicht – in manchen Krankenhäusern dürfen sie nicht erscheinen, weil es der Chefarzt verboten hat.

In Berlin hat sich die Initiative Krebsselbsthilfe unabhängig von der Deutschen Krebshilfe entwickelt. Mehrmals im Jahr treffen sich alle Gruppen und auch einige Sozialarbeiterinnen der nachgehenden Krankenfürsorge der Bezirke und

Krankenhäuser zum Kennenlernen, Informationsaustausch und, wenn es sein muß, auch um eine gemeinsame Sache zu verfechten.

WARNUNG VOR SILIKONBRÜSTEN

Es gibt unter den brustamputierten Frauen verschiedene Ansichten und Empfindungen über das Tragen von Brustprothesen. Audre Lorde setzt sich erstmalig als betroffene Frau damit auseinander, was hinter dem Ausspruch, »den armen brustamputierten Frauen helfen zu wollen«, steht. Ich kann ihre Feststellung nur bestätigen und will hier einige Beispiele aus meiner Erfahrung geben, wobei ich mich auf die gefährliche kosmetische Operation mit Silikon konzentriere.
Im ICC-Berlin ist eine Veranstaltung über Krebs. Vor dem Vortragsraum befinden sich Informationsstände. An einem Stand steht eine Berliner Ärztin aus einem Klinikum zur Verfügung. Ich bin etwas abseits und beobachte eine Gruppe von drei jüngeren Frauen, die sich unterhalten und diese Ärztin ansprechen. Die Fragerin hat gerade eine Brustamputation hinter sich und erkundigt sich ausschließlich über die Möglichkeiten einer Silikonfüllung-Operation. Sie spricht so, als ob sie eine Mandeloperation hinter sich hätte und fragen würde, ob sie bald wieder Nußsplitter essen dürfe. Ich kann es nicht fassen: diese Frau, die nicht weiß, ob sie in einem Jahr noch lebt!

Eine andere Begebenheit: Eines Freitagabends rief mich aufgeregt eine junge Frau an und sagte mir, daß sie zu kommendem Montag in einem Berliner Krankenhaus ein Bett reserviert hätte. Es wäre alles mit dem Chirurgen besprochen, beide Brüste sollten operiert werden. Die eine Brust, weil sie einen verdächtigen Knoten hätte, und die andere gleich dazu mit dem Ergebnis: zwei neue, schönere, mit Silikon gefüllte Brüste, nicht mehr so groß und schwer wie vorher! Dazu ist zu sagen, daß die Patientin wegen des krebsverdächtigen Knotens zum Chirurgen verwiesen wurde und an eine kosmetische Operation von sich aus nicht im geringsten gedacht hatte. Ich riet ihr dringend, erst noch einen von mir genannten Berliner Brustspezialisten zu konsultieren. In wenigen Tagen hatte sie bei diesem hier bekannten Mann, angesehen durch seine Erfahrung und Können und menschlich positives Eingehen auf die kranken Frauen, einen Termin. Sofort teilte sie mir glücklich telefonisch mit, daß nach gründlicher, auch mammographischer Kontrolle kein Grund zur Operation weder der einen noch der anderen Brust vorlag! Das Freitagstelefonat mit mir... ein Zufall zu gegebener Zeit! Heute wäre sie, ohne Brustkrebs gehabt zu haben, mit zwei Silikonbrüsten veilleicht schon wieder ein zweites Mal operiert worden (was ich nicht selten höre!).

Aus meiner Gruppe folgende Erfahrung: Bei einer 61-jährigen Frau wird vom Hausarzt ein krebsverdächtiger Knoten festgestellt, der operiert werden muß. Der Hausarzt hat nichts Eiligeres zu tun, als nach dieser Eröffnung der Patientin zu sagen: »Keine Bange, ich habe da einen Kollegen, der – falls im Schnellschnitt Krebszellen gefunden werden – sofort nach der Entfernung des Brustinhaltes eine Silikonfüllung vornimmt.« Die Betroffene sagt im ersten Schock zu allem ja und Amen und läßt sich von dem »Helfer der Frauen« die Brust operieren und sogleich künstlich füllen, weil der Befund positiv ausfiel.
Nach fünf Jahren entdeckt sie an ihrer Silikonbrust, die weder richtig sitzt, noch gut aussieht, einen neuen Knoten. Eine zweite Operation muß wegen Krebsverdacht vorgenommen werden. Das karzinomverdächtige Infiltrat wird entfernt und für gutartig befunden. Die Füllung war durch eine Fibrose zunehmend beeinträchtigt. Eine Spontanperforation (Durchbruch) der Silikonmasse stand bevor. Die Haut war verfärbt und schon papierdünn. Außen unten wölbte sie sich schon buckelförmig vor. Es bestanden Verwachsun-

Krebs! Aber keine Frau muß jetzt noch die Brust verlieren!

Hoffnung für alle kranken Frauen

Berliner Chefarzt wendet eine neue Operationsmethode an

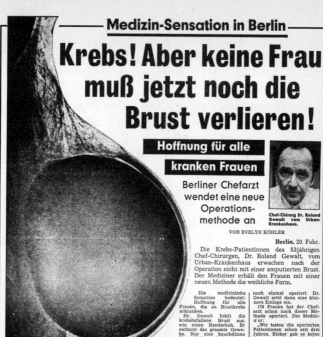

Chef-Chirurg Dr. Roland Gewalt vom Urban-Krankenhaus.

Röntgen-Aufnahme einer Brust mit der Silikon-Kautschuk-Füllung. Sie wird unter der Haut festgenäht. Nach sechs Wochen ist die Masse angewachsen.

VON EVELYN KÖHLER

Berlin, 20. Febr.

Die Krebs-Patientinnen des 53jährigen Chef-Chirurgen, Dr. Roland Gewalt, vom Urban-Krankenhaus erwachen nach der Operation nicht mit einer amputierten Brust. Der Mediziner erhält den Frauen mit einer neuen Methode die weibliche Form.

Die medizinische Sensation bedeutet: Hoffnung für alle Frauen, die an Brustkrebs erkranken.

Dr. Gewalt höhlt die krebsbefallene Brust aus, wie einen Handschuh. Er entfernt das gesamte Gewebe. Nur eine hauchdünne Hautschicht und die Brustwarze bleiben.

In den entstandenen Hohlraum setzt der Arzt eine Silikon-Kautschuk-Prothese, die wie farbloses Gelee aussieht.

An drei Stellen wird die Prothese angenäht. Schon nach etwa sechs Wochen können die Patientinnen wieder schwimmen, und später sogar Tennis spielen.

Dr. Gewalt: „Vom Schnellschnitt und der Diagnose, daß es Krebs ist, bis zur Operation und dem Festnähen der Plastik vergeht ungefähr eine Stunde.

Die Patientin wacht nach der Krebsoperation gleich mit der neuen Brust auf. Die Silikon-Prothese ist strahlendurchlässig, so daß auch der Nachbehandlung nichts im Wege steht."

Wenn sich in Einzelfällen die Haut über der Einlage durch die Bestrahlung zusammenziehen sollte und dann zu straff über der Prothese sitzt, wird die Brust

noch einmal operiert. Dr. Gewalt setzt dann eine kleinere Einlage ein.

170 Frauen hat der Chefarzt schon nach dieser Methode operiert. Der Mediziner:

„Wir testen die operierten Patientinnen schon seit drei Jahren. Bisher gab es keine Reizungen, kein Abstoßen des Silokonmaterials und kein Absterben der empfindlichen Brustwarzen."

Die operierte Brust ist mit der künstlichen Füllung genauso groß wie die gesunde, die Haut bleibt durchblutet und — obwohl sie millimeterdünn ist — gefühlsempfindlich. Wärme- und Kälteempfindungen, Tastreize und die Schmerzempfindlichkeit bleiben erhalten.

Gibt es Frauen, bei denen diese neue Technik nicht angewendet werden kann?

Dr. Gewalt: Nur in sehr wenigen Fällen nicht. Nämlich dann, wenn der Krebstumor schon sehr ausgedehnt ist und in Haut- oder Brustmuskel eingewachsen ist. Zum Glück kommt das durch die Früherkennung nur noch sehr selten vor."

Die Operation wird von den Krankenkassen bezahlt. Das Silikonkautschuk kostet für eine Brust 280 Mark. Bisher wurden auch diese Kosten erstattet.

(BZ vom 20. 2. 1979)

gen und Entzündungen. Verlauf nach der Operation »allgemeine Komplikation: schwerer Schmerzzustand im Sinne einer Stenokardie; lokale Komplikation: Bildung eines Seroms, das täglich punktiert werden muß und sich erst allmählich zurückbildet«.

Die Erfahrung dieser zweiten Operation muß die Patientin machen, weil sie sich im ersten Schreck, auf dem Krebsgebiet völlig unwissend, einer einzigen Empfehlung anvertraut hat! Heute möchte sie alle Frauen vor der silikongefüllten Brust warnen. Ganz abgesehen von allem anderen Negativen fehlt hier auch noch die Langzeiterfahrung – die Frauen sind Versuchskaninchen!

Waltraut Ruf

Berliner Selbsthilfegruppen

Deutsche ILCO Landesverband Berlin: Vereinigung von Patienten mit künstlichem Darm- bzw. Blasenausgang, Telefonkontakt: Johannes Swiatek, Tel. 336 39 67.

Landesverband Berlin der Kehlkopflosen, Kontakt: Helmut Sprecher, Tel. 381 57 40.

Interessengruppe für Prostata-Operierte Berlin, Tel. 324 10 35.

Privatinitiative Optimistische Krebse, Hildegard Schmidt
Tel. 685 38 10 oder Gerda Scholz, Tel. 605 39 65.

Landesarbeitsgemeinschaft brustamputierter Frauen in Berlin-Kreuzberg, Helga Rost, Tel. 455 54 92, 661 47 39, 625 84 49.

Interessengemeinschaft brustamputierter Frauen Berlin-Tempelhof, Kontakt: Helga Schneider, Tel. 703 85 98 oder Grete Kuba, Tel. 745 93 36.

Selbsthilfegruppe brustamputierter Frauen Berlin-Spandau, Helga Eddington, Tel. 335 95 69 oder Joh. Plötz 331 46 88.

Gesprächskreis brustamputierter Frauen der St. Nikolai-Gemeinde Spandau, Pfarrerin Kutzer-Laurien, Tel. 333 56 39 oder Brigitte Kupferschmidt 331 27 94.

Selbsthilfegruppe jüngerer berufstätiger brustamputierter Frauen, Tina Fritsch, Tel. 823 51 76.

Selbsthilfegruppe für Männer mit Hodenkrebs, Karl, Tel. 87 53 71 oder Wolfgang 686 50 40.

Selbsthilfegruppe krebskranker Frauen Berlin-Wilmersdorf, Waltraut Ruf, Tel. 853 18 64.

Selbsthilfegruppe Krebs in Zehlendorf, Marina Schnurre,
Tel. 803 53 47.

Selbsthilfe-Krebs im Albrecht-Achilles-Haus, Tel. 891 40 49
Mo-Fr bis 13 Uhr, Do 16 bis 20 Uhr.

Die »Nachgehenden Krankenfürsorgen« der Berliner Bezirksämter und der großen Krankenhäuser seien ebenfalls noch zu erwähnen. Sie informieren, bieten teilweise auch kleine Gesprächsgruppen an und haben die Liste der Berliner Gruppen zum Einsehen.

Feministisches Frauen-Gesundheitszentrum, Liegnitzer Str. 5,
1 Berlin 36, Tel. 611 57 43.

Selbsthilfegruppen in der Bundesrepublik

Frauenselbsthilfe nach Krebs, Mannheim, Tel. 0621/244 34.
Bundesverband der Kehlkopflosen, Bebra 1, Tel. 06622 2945/1823.
Deutsche ILCO in Freising, Tel. 08161/3344 oder 3800.

Psychosoziale Krebsberatungsstellen über

Arbeiterwohlfahrt Bundesverband, Oppelner Straße 130, Bonn 1, Tel. 0228/668 50.
Deutsches Rotes Kreuz Abteilung II, Referat 22, Friedrich-Ebert-Allee 71, Bonn 1, Tel. 0228 541/1.

Anthroposophische Kliniken:

Krankenhaus Herdecke in 5804 Herdecke-Westende, Beckweg 4, Tel. 0233/0621.
Filderklinik in Filderstadt-Bonlanden, Tel. 0711/77031.
Klinik Öschelbronn in 7532 Niefern-Öschelbronn, Tel. 07233/1211.
Paracelsus-Krankenhaus in 7263 Bad Liebenzell-Unterlengenhardt, Tel. 07050/560.
Anmerkung: Anthroposophische Ärzte/innen, Kliniken und Kurheime sind heute nicht mehr unbekannt. Zu anderen positiven Eigenschaften dieser Häuser sei besonders hervorgehoben, daß h i e r noch Menschen menschenwürdig sterben dürfen!

Nachsorgekliniken

Im Krebshilfe-Ratgeber Teil 1 und Kurheime, Sanatorien: es würde hier zu viel werden – daher telefonische Auskünfte (auch prospekte zur Einsichtnahme).
Kliniken für Lymphologie für Krebskranke mit Ödemen: Klinik für Lymphologie und Phlebologie Prof. Dr. med. Michael Földi mit Frau Dr. med. Földi als Internistin und Onkologin, Sommerberg 28, 7821 Feldberg 1, Tel. 07655/412.
Feldbergkliniken Prof. Kuhnke / Dr. med Asdonk, 7821 Feldberg-Falkau, Tel. 07655/590.
In Berlin keine Spezialklinik aber fachkundige Arztpraxis: Zu erfragen telefonisch.
Fachklinik für Hauttumoren: Hornheide, 4400 Münster-Handorf.

Patientenrecht

Allgemeiner Patientenverband, Postfach 1126, 3550 Marburg.

Deutscher Patientenschutzbund, Bonn 1, Adenauerallee 94.

Institut für Kunstfehlerbegutachtung Dr. Bernhard Giese, Haaggasse 26, 7400 Tübingen.

Patientenrecht: Bei biologischer Krebsbehandlung, die die Krankenkasse nicht übernehmen will: Prof. Dr. Günther Küchenhoff, Trautenauer Straße 28, 87 Würzburg, Tel. 0931/71334.

Krebsliteratur:

Ernährung: Mar/Kleine »Krebsdiät« und »Krebshilfe durch Vollwertkost« im Hädecke Verlag.

Kretschmer/Dehnhardt: »Die Ernährung des Krebskranken« im Haug Verlag.

Dr. Schultz-Friese: »Rezepte für eine krebsfeindliche Vollwertkost« im Bircher-Benner Verlag.

Dr. Issels: »Die Ernährung des Krebskranken« im Sensen Verlag.

Prof. Zabel, siehe unten.

Umwelt: Egmont R. Koch »Krebswelt« im Verlag Kiepenheuer & Witsch.

Onkologie: A. Gläser: »Onkologie« VEB-Verlag Volk und Gesundheit, Berlin 1980, sehr gut zum Nachschlagen!

Prof. Dr. F. Hausbrandt, »Krebsprophylaxe und krebsfördernde Faktoren« Biologische Medizin, August 1984, 13. Jg., 175-179.

Psychologie: Le Shan: »Psychotherapie gegen den Krebs« im Klett-Cotta Verlag.

Simonton: »Wiedergesundwerden«.

Alternative Heilweisen: Prof. Werner Zabel: »Die interne Krebstherapie und die Ernährung des Krebskranken« im Bircher-Benner Verlag.

Dr. Josef Issels: »Mehr Heilungen von Krebs« im Helfer Verlag.

Hans Schumann »Erfolgreiche Krebsbehandlung«, Verlag unbekannt.

Prof. Dr. Rilling »Nicht toxische Additivtherapie und diagnostische Verfahren beim Karzinom« Band 18 im Verlag für Medizin, Dr. Ewald Fischer.

Verschiedenes: »Krebshilfe-Ratgeber« Teil 1 und Teil 2 von Dr. M. Scheel und Dr. J. Aumiller (zum Teil nach Marion Morra und Eve Potts »Realistic Alternatives in Cancer Treatment«). (Unter Vorbehalt).

Manu Kothari und Lopa Metha »Ist Krebs eine Krankheit« im Rowohlt Verlag.

Susan Sontag »Krankheit als Metapher« im Hanser Verlag.

Prof. Heinz Oeser »Krebs, Schicksal oder Verschulden?« im Thieme Verlag.

Käthe Bachler »Erfahrungen einer Rutengängerin« im Veritas-Verlag Linz-Wien.

Handbuch der Lebensreform – 19. Ausgabe 1982 – leider mehrere Adressen schon wieder überholt – im Wirtschaftsverlag, München.

Christian Bachmann »Die Krebsmafia. Intrigen und Millionengeschäfte mit einer Krankheit«, Fischer 1983. (unter Vorbehalt)

Courage »Was Frauen über Krebs zu sagen haben«, 6. Jg., Nr. 10, 1984 (Sonderheft).

CLIO »Brust und Brustkrebs«, 6. Jg., Nr. 16/17, Mai 1981.

frauen aktuell

Herausgegeben von Susanne von Paczensky

Eine Auswahl

Irene Block / Ute Enders /
Susanne Müller
Das unsichtbare Tagwerk
Mütter erforschen ihren
Alltag.
rororo aktuell 4828

Wie die Verknüpfung von
Liebe und Hausarbeit dazu
führt, daß Frauen in Küchen
und Kinderzimmern unbezahlt arbeiten und sich
schließlich sogar damit zufriedengeben.

Theresia Brechmann
Jede dritte Frau
Protokoll einer
Vergewaltigung.
rororo aktuell 4930

Wie eine Frau, die sexuelle
Gewalt erlitt, sich mit dieser
Demütigung auseinandersetzt,
sich gegen Unglauben und
Desinteresse der Umgebung
wehrt und die beschämenden
Folgen der Tat überwindet.

rororo aktuell 5120

Helga Einsele / Gisela Rothe
Frauen im Strafvollzug
«Auf der Suche nach etwas,
das besser ist als Strafe.»
rororo aktuell 4855

Um einen anderen Umgang
mit straffälligen Frauen, um
Verständnis für ihre schwierigen Lebenswege geht es in
diesem Buch.

Ingrid Müller-Münch
Die Frauen von Majdanek
Vom zerstörten Leben der
Opfer und der Mörderinnen
rororo aktuell 4948

rororo aktuell 5129

Martha Mamozai
Herrenmenschen
Frauen im deutschen Kolonialismus.
rororo aktuell 4959

Wie die Männergesellschaft
des deutschen Kaiserreichs
ihre Kolonien zu Reservaten
des Hochmuts und der Menschenfeindlichkeit machte und
wie Frauen zu Opfern und
Mitschuldigen wurden.

rororo aktuell 5352

Christa Randzio-Plath (Hg.)
**Was geht uns Frauen
der Krieg an?**
rororo aktuell 5021

Wie acht bedeutende Autornen die Zusammenhänge von
Weiblichkeit und Friedensliebe analysieren und Strategien des Widerstands, der
Verweigerung und Gegenwehr
vorschlagen.

Lisa Scheuer
**Vom Tode,
der nicht stattfand**
rororo aktuell 5239

Christine Swientek
**«Ich habe mein Kind
fortgegeben».**
Die dunkle Seite der
Adoption.
rororo aktuell 5119

Awa Thiam
**Die Stimme der
schwarzen Frau**
Vom Leid der Afrikanerinnen.
rororo aktuell 4840

rororo aktuell 4530

Barbara Yurtdas
**Wo mein Mann
zuhause ist...**
Tagebuch einer Übersiedlung
in die Türkei.
rororo aktuell 5137

2078/2 cle

sub rosa
Frauenverlag

Dagmar Schultz (Hg.)
Macht und Sinnlichkeit
Ausgewählte Texte
von Adrienne Rich und Audre Lorde

Übersetzt aus dem Englischen von Renate Stendhal
Einleitung von Michelle Cliff

Zum ersten Mal liegt eine Sammlung der Essays, Reden und Gedichte zwei der einflußreichsten Schriftstellerinnen der USA vor — der jüdischen Feministin Adrienne Rich und der schwarzen Feministin Audre Lorde.
Der Band ist in vier Themenbereiche aufgegliedert, in denen sich Betroffenheit und leidenschaftliches Engagement der Autorinnen widerspiegeln: ''Adrienne Rich und Audre Lorde: ihr Werdegang aus eigene Sicht'', ''Rassismus'', ''Frauenkämpfe'' und ''Erotik, Frauenliebe, Frauenehre''. Sie eröffnen uns eine radikal neue Sicht von Sexualität und Erotik, der Rolle der Außenseiterin und den überwindbaren Barrieren zwischen Frauen unterschiedlicher Herkunft.
Ein Buch, das kontroverse Diskussionen herausfordert und durch die Dichte der Sprache und die intensive Kraft der Aussagen überzeugt.

208 Seiten, gebunden/kartoniert,
mit Abbildungen

ISBN 3 - 922166 - 13 - X

sub rosa
Frauenverlag

Florence Rush
Das bestgehütete Geheimnis:
Sexueller Kindesmißbrauch

Im Vorspann:
Alice Miller im Gespräch mit der Autorin

Übersetzt aus dem Amerikanischen
von Alexandra Bartoszko

Dieses Buch fordert die heutige "neue" Moralität heraus.
Florence Rush, bekannte psychiatrische Sozialarbeiterin,
demonstriert überzeugend in ihrem Buch, wie unsere Gesellschaft, beeinflußt von Mythen und Medien, Wissenschaft
und Bibel, stillschweigend sexuellen Mißbrauch von Kindern duldet. Interviews mit Mädchen und Frauen zeigen die
möglichen verheerenden Folgen von Pädophilie auf — De-
pression, Psychose und Selbstmord.
In den USA besteht vor allem durch die Aktivitäten der
Frauenbewegung mittlerweile ein breites öffentliches Bewußtsein, was zu verschiedenen Initiativen zur Bekämpfung
von sexuellem Kindesmißbrauch geführt hat. Auch in der
BRD hat die Frauenbewegung begonnen, auf den sexuellen
Mißbrauch von Mädchen aufmerksam zu machen. Dieses
Buch ist ein wichtiger Beitrag im Kampf gegen den sexuellen
Mißbrauch von Kindern.

Titelgeschichte im STERN

325 Seiten, gebunden/kartoniert

ISBN 3 - 922166 - 11 - 3

sub rosa
Frauenverlag

Kathleen Barry
Sexuelle Versklavung von Frauen
Barry beschreibt sexuelle Versklavung und Ausbeutung von
Frauen in der Prostitution und Pornographie, Sex-Tourismus
und Inzest, bei Mißhandlung und Vergewaltigung.

Shaila Ortiz Taylor
Erdbeben
Ein Roman über zwei Frauen, sechs Kinder, 300 Kaninchen
und ein Erdbeben

Ewert/Karsten/Schultz
Hexengeflüster
Frauen greifen zur Selbsthilfe

Pat Califia
Sapphistrie
Das Buch der lesbischen Sexualität

Roswitha Burgard
Wie Frauen „verrückt" gemacht werden
Der „normale" Psychiatrisierungsprozeß von Frauen

Dagmar Schultz
**„Ein Mädchen ist fast so gut wie ein Junge" – Sexismus in der
Erziehung**
Band 1: Interviews, Berichte, Analysen
Band 2: Schülerinnen und Pädagoginnen berichten

Mathilde Vaerting
Frauenstaat – Männerstaat

Anne Koedt
Der Mythos vom vaginalen Orgasmus

Auslieferung Bundesrepublik: SOVA, Franziusstr. 44, 6000 Frankfurt 1 · Berlin: FBV Frauenbuchvertrieb
GmbH, Mehringdamm 32–34, 1000 Berlin 61 · Österreich: Karl Winter oHG, Verlagsauslieferung, Landes-
gerichtsstr. 20, A-1000 Wien · Schweiz: Pinkus, Genossenschaft, Verlagsauslieferung, Postfach, CH-8025
Zürich

sub rosa
Frauenverlag

Rina Nissim

*NATURHEILKUNDE
IN DER GYNÄKOLOGIE*
Ein Handbuch für Frauen

Schmerzhafte Menstruation, unregelmäßige Zyklen, fliegende
Hitze, chronische Vaginalentzündungen, Geschwülste. . ., so-
viele Krankheiten, für die die Schulmedizin keine anderen Antworten weiß als die Unterdrückung der Symptome oder sogar
die Entfernung des Organs.
Immer mehr Frauen sind sich bewußt, daß diese Methoden nicht
unbedingt die Probleme beseitigen, so wirksam sie für den Augenblick auch erscheinen mögen.
NATURHEILKUNDE IN DER GYNÄKOLOGIE geht
ausführlich auf pflanzliche Heilverfahren und auf gesunde Ernährung ein, gibt Hinweise auf Therapiemethoden der chinesi-
schen Medizin und auf Massage und Yoga.

*Der riesige Erfolg von »Mamamelis« macht das Buch zum Best-
seller in der französischen Schweiz. . . Dieser Erfolg beweist, daß
eine Unmenge von Frauen chronische gynäkologische Probleme
haben und sich nicht mit den üblichen Behandlungsmethoden
zufrieden geben.*

Tribune de Lausanne

ISBN 3-922166-15-6